suhrkamp taschenbuch 4324

Eines Morgens, in einer ihm »selber nicht ganz klaren Anwandlung«, fährt Marcel Beyer an den Stadtrand von Dresden, um dort einen Briefkasten noch einmal zu sehen, nicht irgendeinen, sondern den Wladimir Putins, der in den achtziger Jahren hier lebte. Er findet ihn nicht mehr vor. Aber was Beyer auf seiner Spurensuche wahrnimmt und aufschreibt, entwickelt sich unterderhand zu einem Kurzporträt Putins, das erhellender ist als jede dickleibige politische Biographie.

Was immer Beyer hier in seinen Erzählungen und Skizzen in den Blick nimmt – seien es Blumen oberhalb des Genfer Sees, eine von Rimbaud aufgegebene Kleinanzeige, ein kleinformatiges Gemälde von Gerhard Richter oder Lessings Ofenschirm in Wolfenbüttel –, stets entzünden sich an konkreten Phänomenen seine Überlegungen zu Sprache, Kultur und politischer Geographie.

Putins Briefkasten, Marcel Beyers Sammlung seiner unveröffentlichten Erzählungen und Denkbilder, ist ein Buch über Wahrnehmung, Stil, über das Hören und Schreiben. Und wir werden, während wir diese Abfolge einzelner Momente und Bewegungen staunend lesen, so ganz nebenbei zu blitzartigen, überraschenden Einsichten geführt.

Marcel Beyer, geboren 1965, lebt seit 1996 in Dresden. 2008 wurde er mit dem Joseph-Breitbach-Preis, dem höchstdotierten deutschen Literaturpreis, ausgezeichnet. Zuletzt erschienen im Suhrkamp Verlag der Gedichtband *Graphit* (2014) sowie die Romane *Kaltenburg* (st 4103) und *Spione* (st 4207).

Marcel Beyer
Putins Briefkasten
Acht Recherchen

Suhrkamp

Umschlagfotos:
BStU, MfS, HA XX, Fo 177, Bild-Nr. 134, 135, 220, 512

3. Auflage 2015

Erste Auflage 2012
suhrkamp taschenbuch 4324

Suhrkamp Taschenbuch Verlag

Druck: CPI – Ebner & Spiegel, Ulm
Printed in Germany
Umschlag: Göllner, Michels
ISBN 978-3-518-46324-6

Putins Briefkasten

I

In einer mir selber nicht ganz klaren Anwandlung bin ich heute morgen fast noch schlaftrunken ins Auto gestiegen und bis an den Stadtrand hinausgefahren, um dort einen bestimmten, ursprünglich maisgelben, mittlerweile aber moosgrünen Postbriefkasten noch einmal zu sehen, dessen Bild mir seit letztem Winter vor Augen steht. Dieser Kasten, erinnere ich mich deutlich, ist neben der Eingangstür zu einem sonst nicht weiter auffälligen Mehrfamilienhaus montiert, und es handelt sich um eines jener unschönen Modelle, wie sie im Westen vorwiegend in den achtziger Jahren überall angebracht wurden, als man klare Formen für unzeitgemäß hielt und abgerundeten Ecken den Vorzug gab, die jedoch die Postkästen nicht eleganter, sondern im Gegenteil noch klobiger wirken ließen.

Als ich erstmals nach dem Plattenbauriegel mit dem Postkasten suchte, hatte ich Schwierigkeiten, die Adresse zu finden, die Hausnummer 101 auf der Radeberger Straße, die an dieser Stelle zu einem schmalen, ungepflasterten Wirtschaftsweg wird, der sich in einen Trampelpfad verliert. Die gesamte Siedlung liegt in einem Gebiet, das früher auf dem Dresdner Stadtplan vielleicht überhaupt nicht, also nur als weiße Fläche, abgebildet war, weil es sich gewissermaßen um ein Stück Rußland handelte und, so mein Eindruck, heute immer noch handelt, ein Stück Rußland allerdings, das auf keiner russischen Landkarte verzeichnet sein dürfte. In der Radeberger Straße 101, die einmal Julian-Marchlewski-Straße hieß, im dritten Stock dieses Hauses, an dessen Fassade die Deutsche Bundespost nach 1990, möglicherweise gerade 1992, als der letzte Soldat der GUS-Truppen die Stadt verließ, den mir in Erinnerung gebliebenen Briefkasten befestigt hat, wohnte während der zweiten Hälfte der achtziger Jahre die Familie Putin.

Hausnummern und Zugänge befinden sich, wie ich seit dem Winter weiß, als ich im Schnee zahllose Fußspuren sah, auf der anderen Seite des langgestreckten Baus, sie liegen an einer Straße ohne Namen. Beim Einbiegen in diese Schotterpiste bestätigt sich eine Ahnung, die mir auf dem Weg hierher gekommen ist, denn tatsächlich hat man den Postkasten in der Zwischenzeit entfernt. Nicht einmal mehr verstopfte Bohrlöcher sind in der Betonplatte erkennbar, hinter der das Wohnzimmer im Erdgeschoß liegt, stelle ich fest, als ich die drei Treppenstufen zwischen den klar abgezirkelten Rasenflächen links und rechts zur Haustür hinaufsteige.

Offensichtlich sind alle Wohnungen außer einer belegt, wie ich an den Klingelschildern ablese, insgesamt zwölf Parteien. Für die zweite Etage rechts, also vielleicht die Wohnung unter derjenigen von Wladimir Putin, steht angegeben: »Gästewohnung«; sei es, daß sie sich nur noch schwer vermieten läßt, weil die Leute den Gedanken nicht ertragen könnten, über ihren Köpfen trampele der Geist eines längst entschwundenen Russen herum, sei es, daß Gäste – wessen Gäste, frage ich mich – es im Gegenteil besonders reizvoll finden, die eine oder andere Nacht in der Vorstellung zu verbringen, oben tigere ein schlafloser Staatspräsident in spe unruhig auf und ab.

Das erscheint mir jedoch übertrieben, es paßt einfach

nicht zu einem Menschen, der stets als äußerst unscheinbar beschrieben wird, um nicht zu sagen: gesichtslos. Es kann nicht nur seiner Tätigkeit als Geheimdienstmitarbeiter geschuldet sein, es muß in der Person liegen, denn es handelt sich um einen Mann, dessen Leben so wenig anekdotisches Material bereithält, daß seine Biographen es als mitteilenswert erachten, Mitgliedern eines hiesigen Anglervereins sei damals der neu beigetretene, aus Leningrad stammende Mann ausschließlich wegen seiner unerträglichen Pedanterie aufgefallen. Er habe stoisch an seinen Ansichten festgehalten, wie etwa der Köder richtig am Haken anzubringen oder die Leine in einem ganz bestimmten Winkel auszuwerfen sei, weshalb seine Vereinskollegen nahe daran waren, die Freude an der ohnehin nicht gerade außerordentliche Freuden bescherenden Anglerei zu verlieren.

Während ich mich ein wenig umsehe und mir Notizen mache, werde ich aus einem der oberen Fenster beobachtet, von einer älteren Frau, vermute ich – ich schaue nicht so genau hinauf. Sie hat mir wohl schon zugesehen, wie ich mein Auto auf dem Mieterparkplatz abstellte, ausstieg und durch die Glastür einen Blick ins Treppenhaus warf. Wie ich die Häuserreihe abschritt, neun Aufgänge insgesamt, die man an der matt rötlichen, sechs Etagen hinaufreichenden Verblendung der sonst gleichmäßig grauen Fassade weithin erkennt. Wie ich mich, am oberen Ende des Blocks angelangt, nach links gewandt habe, wo zwischen den schon lichten Bäumen ein verfallender Zweckbau erschien, vielleicht einmal eine Schule. Und wie ich, hinter dem Schirm wild wachsender Birken, Ahorne und Buchen, den sanften Hang wieder hinunter zu meinem Wagen gehe.

Hier, abseits der Stadt, wird immer noch Russisch gesprochen, selbstverständlich, wie ich höre, da mir ein junges Paar entgegenkommt. Nur der Schuljunge in meinem Rücken macht sich einen Spaß daraus, die Zahlen von eins bis zehn laut auf Englisch zu rufen, und im Vorbeigehen sagt er zweimal zu mir: »Bad Boys«, woraufhin er die Hand zu einer Pistole formt, mich ins Visier nimmt und dazu ein paar verhaltene Sturmgewehrlaute von sich gibt.

Der Postkasten ist nicht mehr da, notiere ich mir noch, ehe ich den Wagen anlasse, und denke: Jetzt hat die alte Frau im fünften Stock bald wieder ihre Ruhe. Während ich an Altglascontainern und einer unter freiem Himmel stehenden Polstergruppe vorbei langsam in Richtung Elbtal rolle und der leere russische Raum bald hinter mir liegt, kommt mir dann aber in den Sinn: Jetzt habe ich, abseits des Anekdotischen unterwegs, der Frau am Fenster vielleicht genügend Material geliefert, aus dem sie sich den Rest des Tages eine Anekdote zusammenzimmern kann, um sie am Abend ihrem heimkehrenden Mann zu erzählen, wenn sie am Tisch sitzen und irgendein nicht weiter bemerkenswertes Mahl zu sich nehmen, wie es Ende der achtziger Jahre in einer Nachbarwohnung auch bei Familie Putin serviert worden sein mag.

*

Der Große Garten liegt am südöstlichen Rand der Altstadt von Dresden, er ist die größte innerstädtische Parkanlage, in der man über Jahre hinweg seine Sonntagsspaziergänge machen kann, ohne je den Eindruck zu gewinnen, man habe jede Pflanzengruppe, jedes Gehölz und jede Schneise schon einmal gesehen, und das, obwohl der Große Garten auf dem Stadtplan ein übersichtliches Rechteck bildet und in seiner Mischung aus Barockgarten und Englischem Park in weiten Teilen nach klaren Strukturen aufgebaut ist. Der Große Garten – vielleicht das Gegenstück zum Ostragehege, oder, wie Caspar David Friedrich sein berühmtes Gemälde genannt hat: *Das Große Gehege bei Dresden*, einem an der anderen Altstadtseite liegenden Gelände, nach Westen hin, und, wie man bei Friedrich sieht, auf dessen Bild sich der Sonnenuntergangshimmel in einem Netz von Wasserlachen spiegelt, Schwemmland der Elbe, stadtnahe Wildnis ohne rechte Winkel, in die sich kaum je ein Dresdner verläuft, wie es scheint, wenn man das Ostragehege vom Neustädter Ufer aus beim Elbspaziergang betrachtet.

Im Ostragehege klingt der Osten an, und tatsächlich handelt es sich um einen Namen slawischen Ursprungs, so wie auch der Dresdens auf eine slawische Bezeichnung für Sumpflandbewohner zurückgeht – diese Stadt mit ihren alten Ortskernen wie Seidnitz, Loschwitz, Leubnitz und Kleinzschachwitz ist nichts weiter als eine Agglomeration slawischer Siedlungen in sumpfigem Gebiet.

Der Große Garten dagegen entstand nicht auf trockengelegtem Sumpf, sondern auf Feldern und Wiesen vor der damaligen Stadt, ursprünglich als Ort für barocke Feste, für inszenierte Jagden auf Rotwild oder Bären, die man durch Waldkulissen trieb, ohne daß es für sie ein Versteck im Dickicht, gar eine Ausbruchsmöglichkeit gegeben hätte. Bis heute führt der Große Garten die

Wildnis durchweg in gebändigter Form vor, wie sie auch im angrenzenden Zoologischen Garten gebändigt erscheint, oder wenigstens durch Gitter, Gräben und Glasscheiben vom neugierigen Besucher getrennt. Was nicht bedeutet, daß die Wildnis mit der Trennlinie zwischen Mensch und Tier verschwindet – manchmal genügt ein Blick, um die als müde Kinderbelustigung dahinlebende, kaum mehr erkennbar wilde Kreatur dazu zu bringen, sich auch als wilde Kreatur zu gebärden.

So etwa 1867, als das Ehepaar Dostojewski – ausnahmsweise einmal nicht knapp bei Kasse – sich bei einem Zoobesuch ein Wildheits-Schauspiel bereitet, das weit über alles hinausreicht, was man für das entrichtete Eintrittsgeld erwarten kann. Wie seine Frau in ihrem Tagebuch festgehalten hat, sucht Dostojewski im Raubtierhaus den Blickkontakt mit einem einäugigen Löwenmännchen, fixiert dessen Auge und wird wiederum vom Löwen fixiert, hält dem Löwenblick stand, ohne mit der Wimper zu zucken, und zwingt das mächtige Tier mit diesem Augenspiel, seine Wildheit zum Ausdruck zu bringen: Der Löwe beginnt wild zu brüllen, doch Dostojewskis Löwenblick hält stand, das Löwenmännchen brüllt und brüllt, bis auch die Löwenweibchen ins Gebrüll einstimmen. Woraufhin alle Beteiligten mächtig beeindruckt sind, die Löwenfamilie offenbar ebenso wie die Ehefrau und Dostojewski selbst: Der sprachmächtige russische Schriftsteller hat dem afrikanischen Löwen in die Seele geblickt, hat ihn ohne ein Wort, ohne ein einziges russisches Wort dazu gebracht, sein Innerstes nach außen zu kehren, in Löwensprache auszubrechen.

Aber womit haben wir es bei dieser Geschichte – Hans Blumenberg erzählt sie in seinem Löwenbuch – eigentlich zu tun? Mit einem Lob des wenn schon nicht im Alltagsleben, so doch beim Zoobesuch mächtigen Gatten? Mit einem Lob der wortlosen Verständigung zwischen Mensch und Tier, zu der nur ein äußerst sensibler Geist fähig ist? Oder mit einem Lob der russischen Sprache, die sich noch dort als mächtig erweist, wo sie gar nicht gesprochen wird?

Nein, ich glaube, dem von Dostojewskis Frau im Tagebuch festgehaltenen Dresdner Zooerlebnis hat eine Erfahrung ihre Spuren aufgedrückt, die sich mit einer bald hundert Jahre später notierten Beobachtung eines anderen Autors lesen läßt. Es ist Elias Canetti, der – ohne dabei an die Flucht der Dostojewskis quer durch Europa, durch fremde Sprachgebiete zu denken – einmal im Zusammenhang mit Überlegungen zum Führen eines Tagebuches beschreibt, welchen Einfluß das Reisen auf die Vorstellung von Sprache ausüben könne. Der Blick auf die eigene wie auf die jeweils unbekannte Sprache in fremden Gegenden verändere sich jäh, wenn man, so Canetti, mit unbekannten Menschen spreche, ohne einander zu verstehen, das heißt: wenn man versuche, sich mit Zeichen und vermeintlichen Worten verständlich zu machen. Und er schreibt 1965, als wolle er die Löwenszene von 1867 kommentieren: »Die Sprache, sonst ein Instrument, das man zu handhaben glaubt, wird plötzlich wieder wild und gefährlich.«

In der Fremde erweist sich die eigene Sprache als der unzähmbare Löwe selbst.

*

In west-östlicher Richtung wird der Große Garten von der breiten Hauptallee in zwei gleich große Areale aufgeteilt, die nördliche und die südliche Hälfte. Vor einer Weile fiel mir bei Spaziergängen immer wieder auf, daß diese Allee nicht nur die Mitte des Parks, sondern darüber hinaus eine Sprachgrenze markiert – meine Sonntagssprachgrenze, wenn ich mich, von Süden kommend, in den nördlichen Teil bewege. Betrete ich den Park von der Tiergartenstraße aus am Carolateich, gerate ich an Sonntagnachmittagen mitten unter die Ausflügler: Familien, Gruppen, Paare, die das Carolaschloß, die Gaststätte am See, besuchen, vom nächsten Bahnhof der Parkeisenbahn kommen oder am Bootsverleih ein Ruderboot gemietet haben, mit dem sie auf den See hinausfahren. Ein Gewirr von Stimmen, und ich schnappe überall deutsche Wörter und Satzfetzen auf.

Vom Carolateich folge ich dem Kanal in den Norden, es wird ruhiger, auf der Hauptallee dann queren Rad- und Rollschuhfahrer den Weg. Jenseits der Hauptallee, auf den Neuteich hin, verändert sich mit einemmal der Sprachklang, von dem ich umgeben bin: Es mischt sich Russisch unter das Deutsch, und der russischsprachige Anteil wird höher, je weiter ich mich dem Nordrand des Großen Gartens nähere.

Lange schien es, als sei die Sprachgrenze im Großen Garten nach Süden hin undurchlässig, als spazierten die russischsprachigen Einwohner Dresdens, die nördlich in der Johannstadt leben, stets nur bis an die Hauptallee heran, um wieder umzudrehen, oder als würden sie, sobald sie den Wegen in den südlichen Teil folgen, verstummen.

Langsam, ganz langsam aber, von Sonntag zu Sonntag, verschiebt die Grenze sich. Waren die ersten von mir auf der Südseite mitgehörten russischen Worte noch eine Sensation, so halte ich inzwischen schon nach Personengruppen Ausschau und wette mit mir selber, ob sie nun Deutsch oder Russisch miteinander sprechen werden. Die Sprache wandert. Und die Sprachen mischen sich. Auch wenn es sich natürlich heute um ein ›anderes‹ Russisch handelt als jenes, das bis Anfang der neunziger Jahre in Dresden gesprochen wurde, oder, häufiger noch, ungehört blieb: Das Russisch der sowjetischen Truppen, die hier ihre Garnison unterhielten, nur selten, und dann meist in geschlossenen Gruppen, die Kasernen verließen, und deren heute bekanntestes Mitglied eben jener Wladimir Putin war.

*

Wie reagiert der unzähmbare Löwe, die eigene Sprache in der Fremde, wenn er sich bedrängt sieht, etwa von einer unruhigen, wütend durcheinander rufenden Menschenmenge? Geht er zum Angriff über, oder springt – so flink, daß es beinahe niemand bemerkt – ein anderes Wesen an seine Stelle?

Am 5. Dezember 1989 sind Wladimir Putin und seine Kollegen damit beschäftigt, in ihrer Dienststelle Akten zu verbrennen. Noch jedes Regime hat die Erfahrung gemacht, daß Papier in großen Mengen nicht gut brennt, weil die Flammen kaum genug Sauerstoff zur Nahrung bekommen, aber jedes Regime muß diese Erfahrung offenbar von neuem machen. Und selbst wenn die Mitarbeiter des KGB in Dresden ihre Aktenberge mit dem berühmten russischen Panzertreibstoff getränkt haben sollten – auf dem Gelände entwickelt sich dichter Qualm, der über der Bautzner Straße aufsteigt und an diesem Tag eine Menge Neugieriger anlockt, Demonstranten, die eben im Begriff sind, die Zentrale der Staatssicherheit zu stürmen. Später wird Wladimir Putin sich daran mit einem Löwenbild erinnern, wenn er meint, für ihn sei es durchaus in Ordnung gewesen, dabei zuzusehen, wie die Deutschen ihren Geheimdienst in Stücke rissen.

Putin erklärt der aufgebrachten Menschenmenge, dies sei keine deutsche, sondern eine sowjetische Einrichtung – sie hätten sich gewissermaßen in der Hausnummer vertan. Man traut ihm nicht. Einer fragt: »Und wer sind Sie? Sie sprechen so gut Deutsch.«

Man meint, das Lamm habe den Platz des Löwen eingenommen, ohne daß dies den Demonstranten aufgefallen wäre: Sprich in der Fremde die fremde Sprache, um dich selbst deiner Zahmheit zu vergewissern. Zumal Wladimir Putin tatsächlich ein gezähmtes Deutsch spricht, das Deutsch der Sprachkurse, und nicht das sächsische Deutsch von der Straße – auch darauf könnte sich die Verwunderung beziehen, er spreche »so gut«.

Womit er aber nicht gerechnet hat, ist der Umstand, daß an diesem Abend gerade die deutsche Sprache in den Ohren der Demonstranten Mißtrauen weckt. Damit setzt er sich dem Verdacht aus, trotz seiner Hochdeutschtarnung Mitarbeiter der Staatssicherheit zu sein. Würde er Russisch sprechen – wer weiß, vielleicht wären die unruhigen Dresdner nach ein paar weiteren, leicht verständlichen Sätzen bereit, in ihm einen lokalen Gorbatschow zu sehen. Schließlich weiß niemand dort draußen vor der KGB-Dienststelle, daß Putin lediglich improvisiert, daß er sich alles ganz anders vorgestellt hat.

Eigentlich sollten bewaffnete Sicherheitskräfte an seiner Stelle stehen. Doch als er sie rufen wollte, hieß es lapidar: »Ohne Befehl aus Moskau können wir nichts tun. Und Moskau ist still.« Kein einziges Wort Russisch in der Telefonleitung. Selbst Moskau kennt seine Sprache nicht mehr.

»Und wer sind Sie?« Ob der Geheimdienstmitarbeiter in dieser Situation, da er, anstatt ins vertraute Russisch zu verfallen, mit zahmer deutscher Zunge spricht, seinen Namen nennt, ist nicht überliefert. Er sei Übersetzer, sagt er. Einfach: Übersetzer.

*

Es heißt, Wladimir Putin genieße es noch heute, sich bei Besuchen in Deutschland in der damals erlernten Fremdsprache zu üben – und vielleicht sieht er, wenn er mit der Bundeskanzlerin plaudert, vor dem inneren Auge wieder die Aktenberge qualmen.

Ich habe ihn nie sprechen hören, ich weiß auch nicht, wie frei er sich tatsächlich in Dresden bewegt hat, ob es einem Geheimdienstmitarbeiter etwa erlaubt war, die Garnison am Sonntagnachmittag zum reinen Vergnügen – aber ein KGB-Mann ist immer im Dienst – gemeinsam mit der Gattin zu verlassen. Allerdings erscheint Putins Figur im Rückblick aus der Masse russischer Dresdner in so vielen Facetten herauszustechen, daß ich ihm auch dies zutrauen würde: Ausflüge in den Großen Garten, die, mit der Zeit vielleicht nicht vor seiner Frau, so doch vor seinen Kollegen wie kleine Wagnisse, kleine Abenteuer wirken, insgeheim natürlich von den Vorgesetzten genehmigt sind, als Belohnung für hervorragende Arbeit, oder schlicht in Anerkennung seiner generellen Unauffälligkeit, an der sich selbst am Sonntag in der Stadt nichts ändern wird.

Die kleinen Grenzüberschreitungen des Ehepaars Putin: In der Nordhälfte des Parks unterhalten sich die beiden auf Russisch, sobald aber die Hauptallee erreicht ist, wechselt er ins Deutsche, als würde er mit leichter Hand einen Schalter umlegen, ohne die Plauderei mit seiner Frau zu unterbrechen. Er, als Geheimdienstmitarbeiter auch ein Meister der Tarnung und der Anverwandlung, und sie, die Gattin dieses Meisters, schreiten so eine Weile Richtung Süden, wobei Frau Putin sich niemals anmerken läßt, daß sie von den Worten ihres Mannes womöglich kaum etwas versteht. Leise nickend, stelle ich mir vor, geht sie an seiner Seite – ihr stiller Stolz und ihre stille Beobachtung der entgegenkommenden Spaziergänger: Ob sie bemerken, daß dieser nicht eben große Mann mit dem nüchternen Gesichtsausdruck gar kein deutscher Muttersprachler ist?

Und dann sehe ich die zwei – sie hat sich bei ihm untergehakt und zieht ihn leicht nach rechts in einen Nebenweg – auch schon zwischen den Bäumen verschwinden, in Richtung Zoo, wo sie wie jeden Sonntag im Raubtierhaus ihre geheime Dostojewski-Gedenkstätte besuchen werden.

Dieser Mann raucht nicht, dieser Mann trinkt nicht, man wird ihn nicht in der Nacht auf Montag von der Militärpolizei betrunken aus einem Gebüsch im Großen Garten ziehen lassen müssen. Dieser Mann steht still vor dem Löwenkäfig – und wer weiß, vielleicht reißt er, wenn außer ihnen niemand im Raubtierhaus ist, seiner Frau zuliebe auch einmal rasch den Mund auf, in Erinnerung an einen großen russischen Dichter ebenso wie in Erwartung seiner eigenen Rolle in den kommenden Jahrzehnten.

*

Niemals habe ich Wladimir Putin im Mantel gesehen. Er zeigt sich im tadellos sitzenden Angestelltenanzug, zeigt sich wahlweise in einer praktischen Allwetterjacke, wie sie, von mittelgroßen deutschen Städten ausgehend, mittlerweile die Welt erobert hat, oder in einer Fliegerjacke mit Pelzkragen aus der Wodkawerbung, er zeigt sich im Taucheranzug, im figurbetonenden schwarzen Existentialistenpullover, oder lieber noch mit freiem Oberkörper.

Als spuke ihm eine Bemerkung Dostojewskis im Kopf herum: »Wir kommen alle von Gogols *Mantel* her« – aus dem neunzehnten Jahrhundert ins zwanzigste reichend, vom Mantel Lenins bis zum Mantel Ceauşescus, diese schweren, dunklen Wintermäntel, die nichts anderes verheißen als Nacht und Kälte und Untergang und am Ende ein paar Spritzer Blut auf dem festen Gewebe. Der fast den Boden berührende Ledermantel der Geheimen Staatspolizei. Der Schamanenmantel des Joseph Beuys.

Wir kommen alle von Gogols *Mantel* her? Wladimir Putin aber hüllt sich mit aller Entschiedenheit nicht in diesen Mantel, er hat ihn abgelegt, und mir scheint, er will damit – trotz der UdSSR-Nostalgie, die er im Dienst der Sowjet-Veteranen heraufbeschwört – signalisieren, daß er begriffen habe: Jenes aus dem neunzehnten hervorgehende zwanzigste Jahrhundert liegt endgültig hinter uns.

II

Einmal fahren wir Hunderte von Kilometern im Novemberdämmer Richtung Osten, um die Grenzstadt Narva zu besuchen. Wir wollen den Fluß gleichen Namens sehen, der Estland von Rußland trennt, und einen Ort, von dem man uns in Tallinn gesagt hat, es ließe sich kaum irgendwo ein trostloserer finden. Im Grunde ist Narva eine russische Stadt auf estnischer Seite, nahezu alle Einwohner sprechen Russisch, und die meisten sind von einem einzigen Arbeitgeber abhängig, einem Textilwerk, das die Stadt beherrscht. In Narva werden Kleider für die ganze Welt genäht.

In meiner Erinnerung ist die Stadt graubraun und schwarz. Zu dieser Jahreszeit gibt es sechs Stunden Licht am Tag, und läge nicht das Meer in der Nähe, könnte man glauben, es existiere gar kein Himmel über Narva.

Tauben sehe ich nicht, und dennoch muß ich an diese Vögel denken, die ungeliebten Mitbewohner in unseren Großstädten, von vielen verachtet. Die Menschen in Narva wirken auf mich wie ungeliebte Mitbewohner ihrer eigenen Stadt. Die älteren Frauen oben am Narvaufer, von wo aus man die Grenzbrücke im Blick hat, den dunklen Ort auf der gegenüberliegenden Seite, dann nichts mehr, Öde bis Sankt Petersburg. Worauf warten sie mit ihren Einkaufstaschen, was suchen sie dort drüben zwischen den Wohnblöcken im nahen Rußland, während die Sonne untergeht?

Wenig später füllt sich die Stadt mit Menschen, nach Ende der Tagesschicht kehren die Arbeiter aus dem Textilwerk heim. Jemand hat uns erzählt, in der Fabrik bekämen sie ihr Essen durch eine Futterluke geschoben, ein Essen, so schlecht wie ihre Bezahlung. Das Textilwerk ist natürlich längst kein Sowjetbetrieb mehr, es gehört zu einem Konsortium aus Asien, und sollte die Belegschaft bessere Arbeitsbedingungen einfordern, droht man, den Betrieb nach Rußland zu verlagern – an das andere Narvaufer, wo die Löhne noch niedriger sind als hier.

Brennstoffknappheit, Ruß, billige Drogen und jeden Tag derselbe Fraß. Mitten im grauen Feierabend Narvas zieht der Anorak eines Kindes meine Aufmerksamkeit auf sich: Hellblauer Stoff, darauf ein Muster weißer Eisbären, die mit freundlich erhobenem Kopf einander um die Jacke folgen. Immer im Kreis, neugierig hintereinander her, ohne daß je ein Eisbär einem anderen in den Weg geriete.

Das Kind verschwindet in der Menge, es steigt in den Bus, eine Haustür fällt hinter ihm ins Schloß – ich weiß es nicht mehr genau, aber der Anorak kommt mir bekannt vor, ein Anklang, den ich vorerst nicht einzuordnen weiß, als wir die Stadt bei Dunkelheit verlassen, Hunderte Kilometer Richtung Westen vor uns, nachts.

In einer Augustnacht des Jahres 1992 sitze ich in Berlin auf dem Bahnhof Warschauer Straße. Es ist vier Uhr in der Frühe, in einer halben Stunde wird mich die erste S-Bahn des Tages zurück nach Wannsee bringen. Um nicht einzuschlafen, rauche ich eine Zigarette nach der anderen. Es wird kühl. Ich notiere mir einen Satz, dessen Auslöser mir nicht in Erinnerung geblieben ist: »Man muß auch nachts sehen können, sonst kann nichts aus einem werden.« Ich wickele mich in meine Sommerjacke und starre dumpf über die Gleise.

Die Bahnsteigbeleuchtung erlischt, meine S-Bahn kommt, und erst auf dem Weg nach Westberlin wird mir klar, ich habe die ganze Zeit einen Werbeschriftzug im Blick gehabt, eine Mauer jenseits der Bahnanlagen überragend. In großen Buchstaben steht da: NARVA TAGHELL.

NARVA, ein Akronym – wobei »N« für Stickstoff steht, »AR« für Argon, »VA« für Vakuum: Glühlampen dieser Marke werden auch mich beleuchtet haben, als ich da saß, dem Schlaf zugewandt und, wie ich meinte, von der Sprache abgewandt.

Heute frage ich mich, ob nicht jener frühe Morgen auf einem S-Bahnhof an der Grenze zwischen Ost- und Westberlin der geheime Anlaß war, viele Jahre später den Weg nach Narva zu nehmen. Vielleicht mußte ich in Estland stundenlang durch eine eintönige, traurige Landschaft fahren, weil ich an der Grenze zu Rußland ein Wort wiederfinden wollte.

Soweit ich weiß, spielen alle Kinder, egal in welcher Kultur, in welcher Sprachumgebung sie aufwachsen, in einer bestimmten Phase ihrer Entwicklung ein Spiel, das man im Deutschen ›Fort – Da‹ nennt. Die unbändige, manchen Erwachsenen unverständliche Freude eines Kleinkindes, das noch nicht sprechen kann, wenn es einen geliebten Gegenstand fortwirft, aus seinem Gesichtskreis verschwinden läßt, um ihn sogleich wieder aus der Tiefe der Welt zurückzuholen. ›Fort – Da‹: Ich übe Macht über Dinge und Menschen aus, ich greife in die Welt der Dinge ein, lasse Gegenstände vom Erdboden verschwinden und zaubere sie zurück, ich lote den Weltraum aus.

Später, wenn das Kind zu sprechen beginnt, braucht es nicht mehr mit Gegenständen zu werfen, es lernt die Macht der Sprache kennen, mit deren Hilfe es wirkliche Menschen herbeirufen und unwirkliche Gegenstände in der Imagination aufrufen kann.

›Fort – Da‹: ein Bild für den Wechsel zwischen Abwesenheit und Anwesenheit, wie man es im Deutschen nicht knapper fassen könnte. Aber hier verbirgt sich auch ein fremdsprachiges Wort: »Da« – das große, die gesamte Welt umspannende »Ja«.

Nehmen wir an, das imaginäre Kind wächst in Narva auf. Täglich sagt es so selbstverständlich »da« wie »njet«. Und stellen wir uns vor, es wird, wenn es in die Schule kommt, einen hellblauen Anorak tragen, auf dem Eisbären eine unendliche Karawane bilden.

Warum mir das Muster seinerzeit so vertraut erschien, ist mir später aufgegangen, zu Hause, in Dresden, in unserer Wohnung, als ich in einer Mappe eine Reihe Textilentwürfe fand. Großflächige, von Hand bemalte Kartons, auf denen sich Elefanten, Tiger und eben auch Eisbären durch rote, gelbe und hellblaue Welten bewegen. Wie es dazu gekommen ist, daß irgendwann ein asiatisches Unternehmen an der estnisch-russischen Grenze Kinderanoraks nach diesen Entwürfen fertigen ließ, könnte wohl kein Mensch sagen. An den Kanten sind die Kartons leicht angestoßen – sie haben einen langen Weg hinter sich, sind in ihrer fast vergessenen Mappe häufig umgezogen. Nach der Zeitrechnung der Modewelt stammen sie aus grauer Vorzeit, und hätte nicht meine Frau sie entworfen, wüßte ich von ihrer Herkunft so wenig wie der Russisch sprechende Textilarbeiter in Estland.

*

Kann man den Namen der Stadt Narva, der seit bald eintausend Jahren durch das Dänische, das Russische, das Estnische, das Deutsche gegangen ist, in eine andere Sprache übersetzen, wenn sich in ihm zugleich der Name einer Glühlampenfabrik verbirgt?

Läßt sich der S-Bahnhof »Warschauer Straße« ins Polnische übersetzen, und befindet er sich dann noch in Berlin? Immerhin kann man »Ljubljana« in »Laibach« übersetzen, ohne daß es seinen Ort verläßt. In umgekehrter Richtung allerdings wird es schwierig: Wie ließe es sich – in welche Sprache auch immer – zum Beispiel übersetzen, wenn ich in meinem alten »Moskwa« durch Katalonien fahre und dabei Musik von Laibach höre?

Die Landschaften, in denen ich mit meinem Wagen herumkreuze, sind Trümmerlandschaften. Überwachsene, freigelegte, und wieder überwachsene Trümmer des *Turmbaus zu Babel*, wie ihn Juan Benet so eindrücklich beschrieben hat. Ein Schriftsteller aus Spanien steht im Kunsthistorischen Museum in Wien vor einem Bild des niederländischen Malers Brueghel. Es zieht ihn magisch zu einem Gemälde, dessen Sujet bezeichnend ist für die Kunst Nordeuropas – im Prado, merkt Benet an, finde sich der Turm auf keinem einzigen Bild aus den Spanischen Schulen. »Der Einsturz des babylonischen Bauwerks war das Ende des Lateins als auferlegte und unverstehbare Sprache«, schreibt er in Betrachtung des *Turmbaus* – keine Sprache herrscht mehr über eine andere, die Sprachen können sich frei bewegen, sie wandern, tauschen Wörter aus, reiben sich aneinander.

Seit dem Einsturz des Turms zu Babel braucht jeder Text seinen Übersetzer, unabhängig davon, in welcher Sprache er geschrieben wurde, und ganz gleich, ob er tatsächlich jemals in eine andere Sprache übersetzt wird. Jedes einzelne Zeugnis der Literatur trägt diese Dimension in sich: Das Echo anderer Sprachen. – Es ist sogar möglich, Texte in ihre eigene Ausgangssprache zurück zu übersetzen, ohne sie je in einer Fremdsprache gelesen zu haben, davon bin ich überzeugt.

*

Aus ihrem Sprachumfeld herausgelöste, aufgeschnappte, unverstandene Wörter können Glutkerne sein. Glutkerne nicht nur der Sprachgeschichte, sondern der europäischen Geschichte des zwanzigsten Jahrhunderts. Sie halten ihre Temperatur, kühlen auch mit der Zeit nicht ab, man merkt sie sich, weil es nicht gelingt, sie mit Semantik zu löschen. Etwa dieses Wort, das ich bei Marguerite Duras gefunden habe, ein Ortsname, und doch der Name keines Ortes: »Noyeswarda.«

Das Wort weist zum einen diffus in Richtung Osten, zum anderen auf eine historische Gegenwart, auf einen Moment, in dem es um Leben oder Tod geht. Marguerite Duras notiert es in ihrem Buch *Der Schmerz*, das in Form eines Journals die Zeit ab April 1945 festhält, als Duras in Paris auf die Rückkehr ihres Mannes aus dem befreiten Konzentrationslager Buchenwald wartet. Immer wieder findet sie sich beim städtischen Auffanglager ein, wo die Lastwagen aus Deutschland eintreffen, immer wieder betrachtet sie die Gesichter der ehemaligen Häftlinge und Kriegsgefangenen auf den Pritschen, hoffend und bangend, wie die zahllosen anderen Frauen am Straßenrand. Sobald ein Lastwagen erscheint, werden Ortsnamen ausgerufen, Lagernamen: »Stalag VII A?« fragen die Frauen, »Kommando vom Stalag III A?«, sie rufen: »Kassel?« und den seltsamen deutschen Städtenamen »Noyeswarda«. In einer Fußnote merkt Duras an: »Ich habe diesen Ort auf den Karten nicht gefunden. Wahrscheinlich habe ich ihn so geschrieben, wie ich ihn gehört habe.«

Tatsächlich taucht »Noyeswarda« auf keiner deutschen Landkarte auf. Aber der Name hat mich, der ich in Dresden wohne und ein Ohr für zunächst nichts weiter als seltsam klingende Orts- und Flurnamen entwikkelt habe, in denen sich ein fremdsprachiges Moment verbirgt, an die Stadt Hoyerswerda denken lassen. Als sei der Anlaut, das für uns deutlich hörbare ›H‹, im Französischen beim Rufen der Pariser Frauen wie üblich nicht in Erscheinung getreten und durch ein ›N‹ ersetzt worden.

Der Osten als eine zunächst nur in den Wörtern existierende Welt – ein relativer, vom eigenen Aufenthaltsort abhängiger Osten selbstverständlich: Die Wörter werden fremd, man wird unsicher, ob man ›richtig‹ hört, da man in eine Sphäre unbekannter Lautbildungen gerät. »Noyeswarda«, Ausdruck von Hoffnung und Furcht zugleich: Dorther, aus dem Osten, werden die Lastwagen kommen.

*

Wenn ich mich heute jenseits der Weltengrenze bewege, mit der ich aufgewachsen bin, erfaßt mich immer wieder ein Taumel, der einige Ähnlichkeit mit jenem aus der Kindheit bekannten Gefühl hat, wie man es sich verschafft, wenn man auf einer Schaukel sitzt. Etwas in der Magengegend, schwer zu beschreiben, und, für das Kind, auch etwas, das keine Worte braucht. Damals, könnte man sagen, habe ich die Zeit entdeckt. Man weiß nicht recht, ist man erregt, wird einem übel. Da man sich in den Himmel schwingen läßt, weiß man mit Sicherheit nur: In meinem Rücken liegt die Erde, dahin kehre ich zurück. Die eigene Kraft im Wechselspiel mit den Kräften der Gravitation, man spürt, ich habe die Macht, mich selber in eine Zeitschwingung zu versetzen, jetzt bin ich oben, jetzt bin ich unten, und jetzt wieder oben. Eine unendliche Abfolge von ›Jetzt‹, die man vielleicht nur darum erträgt, weil die Dimension des Raumes unangetastet bleibt. Ich werde den Bereich dieser Schaukel nicht verlassen. Risse die Kette und ich flöge tatsächlich durch die Luft, risse auch die Abfolge von ›Jetzt‹. Der Aufprall auf dem Boden, ein letztes ›Jetzt‹: das Ende.

Heute muß, damit ich in den Taumel gerate, die Einheit des Ortes nicht gewahrt bleiben, im Gegenteil, ich verspüre ihn gerade dann, wenn ich meinen angestammten Ort verlasse und einer Himmelsrichtung folge: Nach Osten. Dieser Taumel des Erwachsenen – ich könnte immer noch nicht sagen, ob es ein wohliger oder ein unangenehmer Taumel ist – hat viel mit Typographie zu tun.

Ein Schriftbild – das ist immer auch Verheißung. Die Tafeln, die Reklameschriftzüge, die Ladenschilder, sobald man die Grenze hinter sich gelassen hat und auf der Landstraße ins Landesinnere fährt: Was mir ins Auge fällt, sind die Groteskschriften aus vergangener Zeit. ›Futura‹ heißt eine dieser Schriften, und wo sie zum Einsatz kommt, signalisiert sie immer auch, was in ihrem Namen steckt: Hier siehst du Zeichen, die in die Zukunft weisen. Ich bewundere die fremden Leuchtbuchstaben in den Städten, den Schriftzug an einer Hauswand, den Namen eines Geschäfts, der sich über dem Schaufenster hinzieht. Nein, Polnisch spreche ich nicht, und wenn ich »Teraz« lese, denke ich unwillkürlich an »Terrasse«. Wo ich kaum mehr als »Achtung«, »Getränke« und »Zigaretten« verstehe, wo ich nur einzelne Wörter wie »Meble« und »Ksero« erschließen kann, bleibt mein Auge an den Buchstaben hängen. Nicht der Inhalt, aber die Gestalt. Selten habe ich dies als Nachteil empfunden, Sinn lenkt auch ab.

Ich sehe Schweißnähte, Milchglas, Pigmente, Korrosion. Der Firmenname am Tor einer aufgelassenen Fabrik, im Laufe der Jahre stumpf gewordene Farben. Oder ein einzelnes serifenloses »H«, ein schwarzer Buchstabe auf weißem Grund, flankiert von roten Streifen. Ein Blechschild, mitten auf der Wiese, dahinter Schneeflecken, die kahlen Sträucher, am Horizont ragen Krane in eine geschlossene Wolkendecke, die feinen Grauschattierungen, die Werft in Gdańsk. Sicher, die Inschriften verblassen mit der Zeit, Hauswände werden übermalt, an den Fassaden leuchten Namen, wie ich sie aus dem Westen kenne.

Doch manches Relikt beharrt auf seiner Gegenwart. Dort etwa diese Buchstabenfolge aus Metall an einer vergessenen Kreuzung in der Landschaft. Vielleicht eine Produktbezeichnung, vielleicht ein Gegenstand des alltäglichen Gebrauchs, ich müßte raten. »Gras« könnte es bedeuten, nein, eher »Weizen«, oder, den Tatsachen entsprechend, »Unkraut«, inmitten wilder Gräser um den Sockel blüht der Löwenzahn. Kann sein, das Wort heißt »Freiheit«. Aber ich rate nicht, die bloße Form der Buchstaben nimmt mich gefangen, ihre fast elegante Klobigkeit, und ginge man in die Knie, könnte man glauben, die Schrift sei aus dem wolkenlosen Himmel herausgestanzt. Schwer, unverrückbar, für die Ewigkeit. Und bislang hat die Zeit den Buchstaben recht gegeben, niemand ist seit den frühen neunziger Jahren, da sich so vieles grundlegend verändert hat, auf die Idee gekommen, sie abzumontieren.

Mit solchen Schrifttypen wurde einmal Zukunft angekündigt, die Zukunft schien zum Greifen nah: Moderne. Und hier gerate ich in den Taumel. Ich weiß, wir alle wissen, diese Zukunft ist längst vorbei.

Im Juli 1914 macht sich Joseph Conrad auf den Weg in Richtung Osten. Er hat gezögert, die Einladung nach Krakau anzunehmen, und noch in seinem Reisebericht zögert er. Fünfzehn Seiten habe ich gelesen, die Familie Conrad ist erst in London angekommen, so viele Erinnerungen knüpfen sich an diese Stadt, englisches Wetter und das Wetter über der Nordsee, die Familie besteigt das Schiff, der Vater blickt in die Wellen und sieht sich noch einmal als junger Seemann, aber der Titel des Berichts lautet *Wiedersehen mit Polen*. Conrad schiebt den Kontinent, schiebt seinen alten polnischen Namen vor sich her, und er braucht weitere neun Seiten, bis es endlich heißt: »Wir erreichten Krakau spät am Abend.«

Es wird schon lange dunkel sein. Zum Glück hat seine Gegenwart ihn nach Krakau begleitet, seine Familie, sie umgibt ihn wie einen Kokon, da er in die Vergangenheit gestoßen wird. Man ist erschöpft. Im Hotel gibt es noch etwas zu essen. Danach wird die Familie sich zurückziehen. Aber Joseph Conrad weiß, an Schlaf ist nicht zu denken. Zum Glück wollen Kinder nie früh ins Bett, zumal, wenn sie den Vater auf einem Nachtspaziergang begleiten dürfen. In dieser Stadt, schreibt Conrad, habe er aufgehört, ein Kind zu sein, und sich einen ersten Erinnerungsspeicher angelegt, den er zurückließ, als er zur See fuhr und gewaltsam mit der Vergangenheit brach. Zum Glück wird niemand fragen, wer hier den Begleiter nötiger braucht, der Sohn, da es durch die dunklen Gassen einer fremden Stadt geht, oder der Vater, da er der eigenen Jugend ins Auge sieht.

Mitternacht. Außer einem Polizisten mit weißen Handschuhen ist kein Mensch auf der Straße. Die Handschuhe lassen die großen Hände im Dunkeln leuchten, der Schutzmann schaut den beiden Fremden hinterher, sie sprechen Englisch. Es bleiben noch acht Seiten. Die Erinnerungen kommen, geheime Straßennamen, der Weg zur Schule, ein elfjähriger Junge im Winter 1868, abends die zwei Schwestern, die sich um den Vater kümmern, kaum ein Laut im Krankenzimmer, das zum Totenzimmer werden soll. Damals, erklärt Joseph Conrad seinem Sohn, habe ihn das Lesen gerettet. Die Zukunft: Das war nichts als Schrecken. Dann geht es wieder durch die Gassen Krakaus, der Junge sieht sich von einem Kokon aus Nichts umgeben, vor ihm der Sarg, und hinter ihm der Leichenzug, ein milder Nachmittag im Mai. Jetzt möchte Joseph Conrad rasch ins Hotel zurück.

Er muß sich Zeit lassen, muß langsam in die alte Welt eintauchen. Er trifft Verabredungen mit Schulfreunden, tauscht sich mit Gleichgesinnten aus, erfährt staunend, daß die Erinnerung an seinen Vater wachgehalten wird. Nach und nach tastet er sich in die Vergangenheit vor, wagt sich aus dem Familien-, dem Gegenwartskokon heraus. Conrad in der Universitätsbibliothek, zu seiner Überraschung sind Briefe des Vaters an einen engen Freund aufgetaucht, darin sei viel vom Sohn die Rede. Conrad wirft einen ersten Blick hinein, die glückliche gemeinsame Zeit der Eltern steht ihm vor Augen, das vierjährige Kind. Im Verlauf der kommenden Wochen sollen von sämtlichen Briefen Kopien angefertigt werden.

Und dann: Der erste August 1914. Gegenwart. Die Sommerferien in der Nähe von Krakau sind gestrichen. Raus aus der Stadt, raus aus dem Land, zurück nach England. Der Schock sitzt tief, und es wird einige Monate dauern, bis die Familie Conrad wieder zu Hause ist, der überstürzte Aufbruch, auf den eine tatenlose Zeit in den polnischen Bergen folgt, dann Wien, dann Genua, aufs Schiff, und endlich in die Sicherheit. An die eigene Jugend, an die Briefe des Vaters gar ist nicht zu denken: »Die ungeheuerliche Gegenwart hatte die Vergangenheit ausgeschaltet.« Schockstarre, ja, und Angst – aber mir scheint auf diesen letzten Seiten, atemlos, auch etwas anderes mitzuschwingen. Ein Anflug von Erleichterung. Das Vorhaben, sich in die Vergangenheit zu versenken, Kindheitserinnerungen heraufzubeschwören, mit dem Conrad sich so lange schwergetan hat, ist mit einemmal vom Tisch gewischt – aufgrund, oder vielleicht auch ein wenig dank äußerer Umstände von weltpolitischer Bedeutung.

In der Nacht auf den ersten August ist Joseph Conrad

Teil einer Runde, die im Raucherzimmer des Hotels zusammensitzt. Die Fensterläden sind geschlossen, Stimmen von der Gasse, anscheinend ist die ganze Stadt bis weit in die Nacht auf den Beinen. Niemand hat das elektrische Licht eingeschaltet, nur ein paar Kerzen erleuchten den großen Raum, gerade hell genug, daß man das Gesicht seines Gegenübers sehen kann. Bei Conrad eine typische Erzählsituation: Gleich wird, in die Stille hinein, einer der Anwesenden in seine Vergangenheit hinabtauchen und erzählen. In dieser Nacht allerdings: Nichts. »Alle Vergangenheit war verschwunden, und eine Zukunft gab es nicht, was immer auch geschah.«

Als habe jemand diese älteren Herren, die doch – gelähmte Glieder und gelähmte Zungen – reglos in ihren Sesseln sitzen, im Dunkeln auf einen Kinderspielplatz gejagt, als habe man sie gezwungen, auf der Schaukel Platz zu nehmen und ihre viel zu langen Beine anzuwinkeln. Sie haben einen kräftigen Stoß erhalten, nun schwingen sie unfreiwillig hin und her, daß ihnen übel wird: Jetzt, jetzt, und jetzt.

Vor der Moderne habe ich mich nie gefürchtet. Ich meine weniger die mit ihr verbundenen gesellschaftlichen Utopien, weniger den mitunter ein wenig schrillen Verheißungs-Ton. Aufbruch-Pathos befremdet mich, egal von welcher Seite, und auch Frakturgedanken haben sich in serifenlosen Lettern fassen lassen, keine Frage. Nein, die übriggebliebenen Schriften der Avantgarde im öffentlichen Raum kündigen für mich nicht den Aufbruch an, sie konstatieren mit aller gebotenen Sachlichkeit, daß Umbrüche im Gange sind. Sie standen quer zu der Zeit, als die Aufschriften angebracht wurden, und heute spüre ich, wenn ich die klaren Konturen dieser Buchstaben vor Augen habe, noch immer, wie sich die Zeiten ineinander verkeilen. Da setzt der Taumel ein, da kommt, wenn es einen nicht in den Abgrund reißt, die Melancholie. Weder Vergangenheit noch Gegenwart noch Zukunft werden jemals gemütlich sein.

Ich komme aus einem Land, das in den letzten Jahren die Fraktur wiederentdeckt hat. Im Sinne eines politischen Bekenntnisses wohl nur zum Teil – ich sehe darin eher die unbestimmte Reaktion auf eine unbestimmte Zukunftsangst. Solche altertümlichen, altertümelnden Schriftzüge sind mir früher im öffentlichen Raum fast ausschließlich als Gaststättennamen begegnet, »Hubertusstuben«, in kantigen, starren, kupferfarbenen Zeichen über die Kneipentür gesetzt: Lockbuchstaben für Ausflügler aus den Industrieregionen, sie wiesen den Weg in die Gemütlichkeit, in einen Schutzraum gegen die moderne Welt. Menschen meines Alters hätten sich kaum dorthin verlaufen, Ausdünstungen der Stammgäste, man roch den Bierschaum und die kalte Zigarettenluft.

Inzwischen werben in Deutschland selbst Autohäuser und Softwarehändler in solcher Type für sich – keine echte Fraktur natürlich, sondern eine am Computer geschnittene Schrift, mehr eine Erinnerung an etwas, das niemand mehr lesen kann. Offenbar weckt selbst eine klassische Antiqua noch Zukunftsängste. Kein Kunde würde sich bei der Auswahl seines Wagens oder Rechners mit weniger als dem neuesten Stand der Technik zufriedengeben, zugleich aber fühlt er sich angezogen von einem vagen ›Damals‹, das vor der Erfindung des Automobils, vor dem Beginn der elektronischen Datenverarbeitung zu liegen scheint.

Groteskschriften, nach 1945 auf polnischer Seite im öffentlichen Raum installiert, für jeden sichtbar – das wird auch ein Wink gewesen sein in Richtung Westen: Diesseits der Grenze ist mit gotischen Buchstaben nicht mehr zu rechnen. Und wo ich heute entlang der polnischen Landstraße zeitgenössische gotische Schriftzüge entdecke, aus dem Laserdrucker auf das Werbeschild gebracht, nehme ich das als Witz und Warnung: Achtung, in diesem Gasthof verkehren Sentimentalitätstouristen. Mich zieht ja – »Witaminka« – ohnehin der luftig geschwungene, Frischluft atmende Name über der Cocktailbar an. Dort, weiß ich, leuchtet mir aus der Glastheke die futuristisch eingefärbte Götterspeise entgegen.

Die einen betrachten auf Landkarten die Welt, in der sie nur mit dem Zeigefinger reisen können, die anderen halten sich auf den Karten an die Welt, in der sie sich bewegen. Bis zum Ende des kalten Krieges gehörte ich zur zweiten Gruppe, erst 1990 wandte ich den Blick nach Osten. Oder und Neiße waren für mich keine Flüsse, es waren bloße Wörter, die verbissene alte Männer traurig vor sich hinmurmeln. Meine Vorstellung von der Welt jenseits meiner Landkarte hätte ich knapp umreißen können: Gedrillte Volkstanzgruppen, die jeden Abend für den Westtouristen zwanghaft Fröhlichkeit verbreiten. Dazu eine metallisch schnarrende Fremdenführerstimme, die historische Daten herunterleiert, Namen und Zeitangaben, von denen kein Außenstehender sagen könnte, was es mit ihnen auf sich hat, was unausgesprochen hinter ihnen steckt. Nur daß sie müde machen, weiß man, verdammt müde, wie man bereits mit der ersten Jahreszahl am eigenen Leib erfährt. Vielleicht braucht es darum die einstudierte Vitalität und künstliche Urwüchsigkeit, die grellbunten Kostüme der abendlichen Folkloredarbietung. Sie bildet einen Ausgleich zum grauen Zahlen- und Namenwerk der Ermüdungstour bei Tag. Wenn man endlich zu Bett geht, ist man vor lauter Volksmusik und Schnarrstimmenrede ganz erschlagen. Aber schlafen wird man nicht.

In dieses Bild, das ich vom Osten hatte, zog mich nichts hinein. Volkstanzgruppen haben mich nie interessiert, und das Herunterleiern von Daten kann ich überall auf der Welt zu hören bekommen, sofern ich denn Verlangen danach haben sollte.

Den Grund meiner Neugier auf den Osten, die Ende 1989, Anfang 1990 plötzlich geweckt war, kann ich mir nur schwer erklären. Sicher, Auslöser waren die atemberaubenden Veränderungen innerhalb kürzester Zeit: Ich sah aus der Distanz auf einmal Bilder, wie ich sie nicht gekannt hatte, aus jenem Teil der Welt, der auf meiner Landkarte lediglich als gleichmäßig eingefärbte Fläche vorhanden gewesen war. Es hätte bei der Sensation bleiben können, die sich so rasch legt, wie sich die Eindrükke verflüchtigen. Doch ich war wach – nicht schlaflos und zermürbt, als hätte ich verordnete Volkstanzabende hinter mir, sondern vom Verlangen nach einem anderen Blick erfaßt. Nicht Lust an der Exotik. Keine gutgemeinte Offenheit gegenüber dem Fremden. Auch nicht die Hoffnung, irgendwo dort auf verloren geglaubtes Altbekanntes zu treffen.

Vielleicht ist mein Blick auf den Osten einfach aus meiner Schreibhaltung hervorgegangen – die einzige Erklärung, die mir am Ende einleuchtend erscheint. Ich arbeite vom Rand her, auch ganz konkret, beim Satzbau, wenn ich etwa statt mit dem Subjekt gern mit einem Farbwort beginne, um zu erkunden, wie sich der Satz von dort auf ein Subjekt hinlenken läßt. Beim Lesen zieht mich das Abgelegene an oder, wie es mitunter böswillig heißt, das Abseitige. Zentrale Bücher, also solche, auf die sich alle einigen können, haben mich nie sehr interessiert. Es reizt mich kaum, mich schreibend in der Mitte meiner Welt zu bewegen, und selbst wenn ich tatsächlich einmal in eine Mitte vordringen wollte, müßte ich doch einen Weg von außen wählen. Aber auch draußen stößt man in das Herz der Dinge vor.

So wie ich schreibend immer schon Gebiete jenseits der mir bekannten Grenzen gesucht habe, verlasse ich heute reisend meine alte Landkarte. Und lande unversehens im Zentrum unseres Kontinents. Das Reisen, das Zuhören und Schauen wirken auf mein Schreiben zurück. Ohne diese Erkundungen würde ich kaum den Fragen nachgehen, von denen ich hier spreche. Fragen nach Zeitverschiebungen, Zeitschwingungen und dem Gebrauch der Zeiten: Die Konsequenzen machen sich noch im Umgang mit der Grammatik bemerkbar, wenn ich mitunter lange überlegen muß, ob ich mich nun für Präsens, für Perfekt oder doch für Imperfekt entscheiden soll.

Jenseits der Jugendlandkarte unterwegs, wie sie für mich gegolten hat, und dann, am Ort, jenseits des Touristenstadtplans, den man im Hotel bekommt. Ich suche – nicht nach einem Abgrund, der nasse Rest einer Schneeverwehung kann genügen, mitten in einem brachliegenden Stück Land. So stehe ich heute vor einem Blechschild, Eisenstangen halten es in der Luft, die Stangen sind in den frostigen Boden gerammt, auf dem Schild ist in klarer schwarzer Schrift der Einzelbuchstabe »H« zu lesen, dessen Bedeutung ich nicht kenne.

Die Krane sind von hier aus nicht zu sehen, aber hinter den Gardinen ahnt man das Tor zur Werft. Das neueröffnete Lokal direkt am Solidarność-Platz hat ein Dutzend, höchstens fünfzehn Tische, man zeigt sich realistisch, was den Andrang an Werftarbeitern betrifft, und obwohl offenbar gerade ein Schichtwechsel stattfindet, haben wir nur wenige Gestalten durch das Tor gehen sehen. Ich spüre eine gewaltige Melancholie. Weder volkstümliche Stimmungslieder noch die größten Hits aller Zeiten würden hier, an diesem Ort, in dieser Situation passen, während wir über unseren Tellern sitzen. Zu Kotelett und Kartoffeln vor dem Werfttor von Gdańsk müßte man Armia hören.

Laut. Die Musik von Armia verlangt danach, auf höchster Lautstärke gespielt zu werden. Sie duckt sich nicht, sie geht den Hörer frontal an. Und doch höre ich Wehmut in der Stimme des Sängers, eine melancholische Gewalt. So laut wie eben möglich, ohne daß sich die kleinen Boxen aus ihren Halterungen unter der Decke lösen, möchte ich jetzt Armia hören. Wie sie sich auf ihrem Album *Triodante* Beckett vorgenommen haben. Diese Musik sollte über dem Platz liegen, durchs Werfttor schallen. Armia vertonen Samuel Becketts *Der Verwaiser*, *Wyludniacz*, »Der Entvölkerer«: Hier ist kein Raum für Sentimentalitäten.

Eine ungeheure, kontrollierte Wucht. »Seit jeher geht das Gerücht, oder noch besser, gilt der Gedanke, daß es einen Ausweg gibt. Diejenigen, die nicht mehr daran glauben, sind nicht dagegen gefeit, von neuem daran zu glauben, übereinstimmend mit der Vorstellung, die, solange sie Bestand hat, beinhaltet, daß hier alles den Tod erleidet, aber einen so stockenden, ja sogar derart wankenden Tod, daß er selbst einem Zuschauer nicht auffallen würde«, schreibt Beckett über die Insassen jenes von ihm imaginierten Zylinders, in dem jeder seinen Verwaiser sucht.

Armia machen kein Friedensangebot. Sie ziehen ihre Energie aus der Moderne. Beckett spricht von den »Seßhaften« und den »Besiegten«. Die Seßhaften werden als Besiegte enden, »jeder zu seiner Zeit, alle als echte Besiegte, die endgültig erstarrt sind, jeder an seinem Platz und jeder in seiner Haltung«. Man kann es bis nach Zaspa hören.

Die Zukunft ist vorbei. Wir wollen dorthin, wo die Werftarbeiter wohnen.

Wo früher der Flughafen war und sich heute eine Neubausiedlung erstreckt, durchzogen von der nach Papst Johannes Paul II. benannten Straße, die so breit ist, daß man sofort bemerkt, es muß sich um die ehemalige Start- und Landebahn handelt, dort, in einem dieser Häuser, die kaum auseinanderzuhalten sind, könnte ich mir vorstellen eine Weile zu leben.

Lauft Ihr durch Eure restaurierten Altstadtgassen, ich kann mich für die Giebel und Fassaden nur schwer begeistern, alles sieht fast wieder so aus wie zu der Zeit, als es uns nicht gab. Lauft Ihr und staunt, ich habe nichts dagegen, aber laßt mich nach Zaspa gehen.

Ich weiß nicht, ob ich mich dort wohlfühlen würde, ich kenne niemanden, ich habe Schwierigkeiten, mir zu merken, wo ich aussteigen muß, weil sich alle Straßenbahnhaltestellen ähneln. Ich möchte in einer dieser Wohnungen mit schlechten Türen und vermutlich dünnen Wänden sitzen, an einem wackeligen Tisch mit Wachstuchdecke, nah beim Fenster, wenn das Licht die Sessel hinten im Zimmer erfaßt, wo meine Bücher liegen. Ich sitze da, seit Tagen denke ich darüber nach, wie sich in Krakau zu Beginn des Ersten Weltkriegs beinahe die Wege Joseph Conrads und Georg Trakls gekreuzt hätten, auch wenn der Schriftsteller des neunzehnten Jahrhunderts nichts vom Dichter des zwanzigsten Jahrhunderts wußte: Familie Conrad hat die Stadt eben verlassen, sitzt in den Bergen, als Trakl, aus Galizien kommend, Anfang Oktober 1914 ins Garnisonsspital von Krakau eingeliefert wird, wo er am 3. November an einer Kokainvergiftung stirbt, während vielleicht Conrad, über Wien und Genua, auf dem Weg nach Hause ist.

Schaut Ihr Euch ruhig weiter die alten Photos an, und laßt Euch rühren, wenn Ihr die Gestalten neben ihren Autos posieren seht, Oldtimer alle. Ergreifend, wie stolz sie sind, und diese Kleider, Bärte, Hüte, die Frisuren. Als hätten sie sich damals kostümiert, um ihren Urenkeln zu einer sentimentalen Anwandlung zu verhelfen. Aber im Gegenteil, sie kleideten sich nach der letzten Mode, sie nahmen neueste Automodelle mit ins Bild, zum Zeichen ihrer unbedingten Modernität.

Obwohl ich nicht zur Arbeit fahre, werde ich morgens in die Straßenbahn steigen und abends mit den anderen Bewohnern zurückkehren. Ich laufe auf der Betonpiste, laufe zwischen Parkplätzen und Grünflächen herum, bis ich meinen Block, endlich auch meine Hausnummer gefunden habe, und dann geht es mit dem Aufzug, sofern er funktioniert, hinauf in den obersten Stock:

nach Hause. Ich werde lernen, mich in irgendeiner blöden Kaufhalle zurechtzufinden, ich kenne die Sprache nicht, erst langsam komme ich dahinter: »Teraz«, der Augenblick. »Terrasse«, ein Stück befestigter Grund am Haus. Der Taumel: Zeitpunkt und Ort überlagern sich quer durch die Sprachen.

Ich werde mich erinnern, wie ich einmal am späten Mittag in Wrocław vor der »Witaminka« auf der Terrasse gesessen und die Passanten beobachtet habe. Die Einheimischen, am zügigen Schritt der Städter zu erkennen, und die langsameren Touristengruppen, wie sie sich durch die Kulissenwelt einer Volksmusiksendung schleusen ließen, ängstlich darauf bedacht, nicht den beiden jungen Männern in die Quere zu kommen, die, singend, grölend, um den Marktplatz liefen, immer im Kreis, und vor jeder Gaststätte stehenblieben, in der Hoffnung, irgendwo werde ihnen noch Bier ausgeschenkt: Zwei Jugendliche, Ende der achtziger Jahre geboren, wie sie sich um die eigene Achse drehen, im Taumel.

Manchmal werde ich ein paar Straßenbahnhaltestellen später aussteigen, um das »Wellenhaus« zu besichtigen, wie man es in Gdańsk nennt. Im Nieselregen werde ich bei McDonald's an der Ampel warten, mit dem Strom der Passanten die Straße überqueren und, fast einen Kilometer weit, vom einen bis zum anderen Ende des »Wellenhauses« gehen. Während die Menschenmenge, in der ich mich bewege, von Hauseingang zu Hauseingang kleiner wird, überlege ich, ob es eine Verbindung zwischen dem wellenförmige Grundriß dieses Hauses und der »Neuen Welle« gibt, ob ich hier eine »neue« oder – die Vergangenheit der Moderne – eine »alte« Welle abschreite. Dann gerät die nächste Querstraße in meinen Blick, die Pizzeria an der Ecke, und ich kehre um. Auf dem Heimweg ist die Straßenbahn fast leer, in meinem Viertel kann ich mich am monumentalen Wandgemälde orientieren, das in Erinnerung an den ersten Papstbesuch entstand, im Laternenlicht glitzern die Regentropfen auf dem Lack der geparkten Wagen.

Sollte ich einmal nicht weiterwissen, werde ich Zygmunt Haupt lesen und in diesen Taumel geraten, wenn ich verfolge, wie er mit den Zeitformen umgeht. ›Jetzt‹ greift ins ›Immer schon‹, das ›Längst vorbei‹ kommt nicht erst morgen, sondern plötzlich mitten in der Nacht. Nostalgie kann ich darin nicht entdecken. Zygmunt Haupt, der aus der Gegenwart heraus von Vergangenem spricht, als handele es sich um zwei Zimmer, und er sitzt eben jetzt in dem, auf dessen Tür »Vergangenheit« geschrieben steht.

Irgendwo da oben beuge ich mich über ein Balkongeländer und schaue Richtung Meer. Die einen Nachbarn streiten sich, die anderen sind still. Ab und zu, nachts, lasse ich meine Armia-CDs ins Treppenhaus dröhnen. Damals, als Kind, habe ich mit einem leichten Schauder die Zeit entdeckt. Auf der Suche nach der verlorenen Zeitlosigkeit bin ich noch immer nicht.

III

»Sehr verehrter Herr Rat. Der Faiton ist schon fertig.« Die Freude beim Eintreffen der ersehnten Nachricht macht blind für die orthographische Ungenauigkeit, und schließlich weiß der Vater des Erzählers in Zygmunt Haupts *Totenmahl im Winter* ja selbst, was er beim Wagenbauer in Auftrag gegeben hat: eine »Phaeton«-Kutsche.

Die Erzählung spielt in einem diffusen frühen zwanzigsten Jahrhundert, in einer diffus gezeichneten podolischen Schneelandschaft, sei es, daß der Erzähler Zeit und Ort als selbstverständlich gegebene Größen betrachtet, sei es, daß ihm, dem Jungen, der den Vater am folgenden Tag begleiten darf, um die Luxuskarosse in der nächsten Kleinstadt abzuholen, der klangvolle Name Bilder eingibt, neben denen alles andere verblaßt.

»Und dann kam die Werkstatt von Herrn Papierski«, schreibt Zygmunt Haupt, »und zwischen Hobelspänen, Sägemehl, Brettern, die zu Stapeln von fertigem und teils bearbeitetem Material aufgeschichtet waren, stand der neugeborene Phaeton, frisch, nach Firnis, Lack, Schmelzeisen, Lederriemen, lackiertem Leder, Manchestersamt und Pferdehaar duftend, mit dem Glanz von Laternenglas und Kupferbeschlägen, elastisch, mit schön gebogenen Rädern, Radspeichen, in denen sich die Sonne spiegelte, den Muscheln der Naben, dem geigenförmigen Wagenkasten und der edlen Polsterarbeit der Sitze, der Walze auf dem hohen Kutschbock – ein Phaeton.«

Ehe Vater und Sohn den Heimweg antreten, drehen

sie noch eine Runde durch die Stadt, um sich und ihr nobles Gefährt von den Einheimischen bestaunen zu lassen.

Auf den ersten kursierenden Photographien vom Unfallort, an dem der österreichische Politiker Jörg Haider in der Nacht vom 10. auf den 11. Oktober 2008 gegen ein Uhr morgens auf dem Weg von Klagenfurt zu seinem Haus im Bärental tödlich verunglückt war, konnte man, wenn ich mich richtig erinnere, das Wrack seiner Limousine auch von hinten sehen, wohingegen spätere Veröffentlichungen der Perspektive schräg von vorn den Vorzug gaben. Ganz gleich aber, ob die Aufschrift am Heck lesbar war oder nicht – der Name des Automodells machte umgehend die Runde: Jörg Haider hatte auf seiner Fahrt durch den nächtlichen Nebel in einem »Phaeton« den Tod gefunden.

Ein Mann, der in seinem Leben vieles bekämpft hat, nichts allerdings mit solchem Ingrimm und solcher Ausdauer wie die Kunst und Literatur der Gegenwart, starb, wie ich beim Anblick des grotesk zerbeulten »Phaeton« sofort dachte, in einem Wagen, der kaum zwanzig Minuten Gehweg von meiner Wohnung entfernt gebaut wird. Der Glaskasten am nördlichen Rand des Großen Gartens firmiert unter dem Namen »Gläserne Manufaktur«, einer Zusammenziehung aus Meißner »Porzellan-Manufaktur« und »Gläsernem Menschen«, der im nahegelegenen Hygiene-Museum ausgestellt ist.

In der »Gläsernen Manufaktur« kann man – als Selbstabholer oder als zahlender Besucher – dabei zuschauen, wie der »Phaeton« montiert wird. Ob es seinerzeit einen autobegeisterten Gast im VW-Werk durchzuckt hat, ohne daß er es sich hätte erklären können, als er, staunend angesichts der stillen Präzision jedes einzelnen Arbeitsschritts, die Montage zufällig jenes Exemplars verfolgte, das nachher an Jörg Haider ausgeliefert werden sollte?

Dresden. Der Große Garten. Was für ein Ort, der solche Wagen in die Welt schickt.

*

Die Wolken am Himmel über München lagen so dicht ineinander geschichtet, daß sie einen gleichmäßig graphitgrauen, bald kakerlakenfarbenen Film bildeten. Der Weg vom Parkplatz zum Museum hatte durch ölschillernde Pfützen geführt, am Eingang unter dem Vordach Fahrräder, Regenschirme, Kinderwagen. Und nun stand ich, der Bilder und der Menschen überdrüssig, mit schmutzigen Schuhen im milden Kunstlicht, den Blick in eine verschwommene Ferne gerichtet, nicht in der Lage, mir einen anderen Ort auszumalen, an den ich mich hätte versetzen können, umgeben von Kunstwerken, inmitten unzähliger Besucher, die ebenso wie ich an diesem verregneten Sonntag Anfang Oktober auf die Idee gekommen waren, den Nachmittag in der Pinakothek der Moderne zu verbringen. Da stand ich auf der Galerie und wünschte mich in eine dunkle Welt.

Nein, es gab kein von Proust oder Marcel für mich erfundenes kleines gelbes Mauerstück, an dem mein Blick sich hätte festhalten, vor dem ich, einem erfundenen Schriftsteller gleich, einen Schwächeanfall hätte erleiden und – »kleines gelbes Mauerstück, kleines gelbes Mauerstück« murmelnd – zusammenbrechen können. Suchend, und doch kein Ziel vor Augen, schaute ich von meinem

Platz im ersten Stock in der offenen Halle herum. Unten die Menschen, wie sie sich in stetem Rhythmus aus dem geordneten Gedränge vor den Kassen lösten und entweder die Treppe nahmen, die hinauf zur Kunst des zwanzigsten Jahrhunderts führt, oder, und dieser Strom erschien mir breiter, sich der Designabteilung im Erdgeschoß zuwandten, deren Exponate viele Menschen schon von draußen magisch anzuziehen scheinen.

Ich folgte ihnen mit den Augen in den Ausstellungsbereich hinein, an Reihen gelber, roter, blauer Stühle vorbei, die man einer Installation gleich an der Wand arrangiert hat, und blieb, während die Besucher sich verteilten, hängen: an einem frühen Modell des VW-Käfer, so auf ein Gerüst montiert, daß er, über den Köpfen der Betrachter, schräg in den Raum ragt, in die Luft, als sei das stillgelegte Fahrzeug im Begriff, von der Hallendecke herabzufallen, tief dunkel, matt lackiert, das Licht in seiner Nähe absorbierend, als fiele es, ohne jemals am Boden zu zerschellen.

An einem Tag im frühen einundzwanzigsten Jahrhundert, an einem der Moderne gewidmeten Ort, sehe ich mich unvermittelt einem fixierten Fahrzeug gegenüber. Soweit ich weiß, lautet der Fachausdruck für derartige Phänomene: ruhender Verkehr. Und es liegt vielleicht nicht allzu fern, sich bei diesem Anblick an eine vor hundertfünfzig Jahren geschriebene Romanszene zu erinnern, jene am Anfang der Moderne stehende Droschkenfahrt in *Madame Bovary*, bei der sich ein verwunderter, bald fassungsloser Kutscher fragt, »welche Bewegungswut in seinen Fahrgästen steckte, so daß sie nirgends haltmachen wollten«.

Wir sehen nichts – das heißt, wir sehen eine Pferdedroschke, die einen halben Tag lang ohne Ziel durch eine französische Kleinstadt fährt, die müden Pferde und den einfältigen Kutscher auf seinem Bock. Vom Bahnhof ist die Rede, vom Fluß, vom Treidelweg, vom Botanischen Garten, von den Krankenhausgärten und vom Hafen, einem freien Feld, wir hören unzählige Straßen-, Brücken-, Quartiernamen. Und weil sie alle dem Ortsunkundigen wenig sagen, führt uns die Schilderung kein Bild vor Augen, haben wir immer nur den Wagen vor uns, die Tür, das kleine Fenster, die zugezogenen Vorhänge aus gelbem Leinen, wo sich vielleicht, wenn wir genauer hinsehen, etwas bewegt, wo wir vielleicht, wenn die Vorhänge auf unebener Strecke einen Moment lang schwanken, durch einen schmalen Spalt etwas von dem erahnen können, was im Wagen vor sich geht.

Aus dem Inneren ruft eine Stimme: »Weiter!« oder »Nein, geradeaus!« und »So fahren Sie doch!«, einmal kommt eine bloße Hand unter den Vorhängen hervor und streut Papierschnipsel in den leichten Wind. Mehr nicht. Und dieses Nichts heizt uns natürlich ungeheuer an.

Flaubert, der es in *Madame Bovary* durchweg auf mittlere Temperaturen abgesehen haben will, arbeitet an dieser Stelle mit einer heißen Distanz, so heiß, daß diese Szene beim ersten Erscheinen des Romans unterdrückt wurde – ein Nichts, derart obszön, daß es verschwinden muß. Wo wir nichts außer gelben Leinenvorhängen zu sehen bekommen, leere Leinwand, beginnt der Film im Kopf.

Lange nach jenem Münchner Nachmittag mußte ich immer noch an den alten Volkswagen denken, ich bekam ihn nicht zu fassen. Der fahruntüchtige VW hatte etwas in Gang gesetzt.

Ich mußte an die schwarzen Flecken denken, die ich manchmal auf längeren Autobahnfahrten sehe, nur aus den Augenwinkeln, da ich mich auf die Fahrbahn konzentriere, kaum Sekundenbilder, und nichts weiter als kleine dunkle Flächen auf dem Standstreifen, die, kaum daß eine von ihnen in den Blick gerät, auch schon wieder verschwunden sind, ein paar Quadratmeter rußigen, aufgeworfenen, grobkörnig gewordenen Asphalts, mehr nicht. Es kommt mir vor, als sähe ich sie immer häufiger, man könnte meinen, ich hätte mich mit der Zeit an sie gewöhnt, aber jedesmal werde ich wieder vom gleichen Schauder gepackt: Dort hat ein Wagen gestanden und ist ausgebrannt, und hat, nachdem das Wrack geborgen war, ein Stück verbrannten Boden, verbrannte Autobahn zurückgelassen. Jedesmal wieder muß ich mich dazu zwingen, mir den Fahrer mit einem Feuerlöscher in der Hand vorzustellen, wie er vor der Motorhaube steht und in den Qualm zielt, oder ich zwinge mich, besser noch, Feuerwehrmänner in Schutzanzügen um das brennende Fahrzeug zu gruppieren, und die Insassen verharren im Hintergrund, vom dichten Rauch verdeckt, jenseits der Leitplanken, in Sicherheit.

Filme im Kopf, die man nicht sehen möchte, während man eine in der vorangegangenen Nacht geräumte Unfallstelle passiert, die unscheinbaren Spuren einer Katastrophe, an die sich außer dem Fahrer oder – immer dieselbe bange Frage – außer den Angehörigen niemand erinnert.

Ich mußte an einen Abendspaziergang denken, den meine Eltern mit mir unternahmen, als ich vielleicht fünf Jahre alt war – merkwürdige Erinnerung: ein Spaziergang mit dem Sohn bei Nacht. Die Steilküste, der Strand, die Ostsee war nicht weit, bei Tag sah man das Totendenkmal von Laboe jenseits der Kieler Förde. Vielleicht war der Abstieg zum Strand nach Einbruch der Dunkelheit zu gefährlich, denn abends hielten wir uns an den Hohlweg, der hinter unserem Haus begann und zwischen den Feldern bis zu einer Kiesgrube führte – aber das wußte ich nur dem Hörensagen nach.

Wir waren auf dem Heimweg, seit einer Weile vernahmen wir in unserem Rücken Motorengeräusche, weit entfernt, in der Kiesgrube wurde offenbar auch nachts gearbeitet, wir hatten das Haus beinahe schon erreicht, als der Lärm von hinten mit rasender Geschwindigkeit näher kam. Es blieb keine Zeit, den Haustürschlüssel hervorzuholen, wir sprangen vom Fußweg auf die Wiese, rannten, blieben stehen, drehten uns um, und sahen den schweren LKW, gefolgt von einem Streifenwagen, eine Reihe vor dem Haus geparkter Autos rammen. Einige Meter schob er einen dunkelblauen Fiat vor sich her, dann soff endlich der Motor ab, und der LKW kam, nicht weit von uns, zum Stehen.

Zwei Jungen hatten in der Kiesgrube einen Kipper kurzgeschlossen, und dann auf ihrer Irrfahrt, die zur Flucht wurde, die Bremse nicht gefunden. Eine Nachbarin schrie und weinte: »Mein kleines Auto, mein kleines Auto.« Unseren VW-Käfer, ein Geschenk meines Großvaters, hatten die Jugendlichen am Ende ihrer Spritztour knapp verfehlt. Ich sehe die beiden neben den Polizisten auf der Wiese, zitternd, apathisch, mit fiebrigen Augen. Ich sehe Blaulicht, Scherben, Öl. Nichts brannte.

Ich sah eine Szene aus Mark Twains *Huckleberry Finn* vor mir, ein Buch, das mir vielleicht in ebenjener Zeit vor dem Einschlafen vorgelesen wurde. Eine beiläufige Szene, der rasche Blick auf eine nächtliche Szenerie, dann wird der Erzählfaden wiederaufgenommen, und ein paar Sätze später könnte das kurze Aufflackern schon vergessen sein. Entgegen ihrer Gewohnheit, bei Tag in einem Versteck am Ufer zu schlafen und im Schutz der Dunkelheit den Mississippi hinunterzufahren, machen Huck und Jim ihr Floß bei Nacht in der Nähe einer Ortschaft fest und gehen an Land.

Sie unterbrechen ihre Reise, eine Erledigung, sie brauchen Lebensmittel, es gilt, etwas auszukundschaften, alles schläft, die beiden sind vielleicht schon auf dem Weg zurück ans Ufer, die Episode scheint fast abgeschlossen – da wird der Ort mit einemmal in helles Licht getaucht, Lärm, eine johlende Menschenmenge, das ganze Dorf ist auf den Beinen, nachts, ein Fackelzug, und mittendrin, geräuschlos, reglos, eine schwarze Figur mit weißen Flecken. Aus sicherer Entfernung schauen Huck und Jim zu, wie der Lynchmob ein Pferd die Straße hinuntertreibt, darauf ein Mann, geteert, gefedert. Schon gerät ein Galgen in den Blick, oder ist es ein Scheiterhaufen, die Lichter ziehen sich an einem Punkt zusammen, und ehe man sehen könnte, wie die Flammen von den Fackeln auf den Geteerten überspringen, wird Huck von Jim fortgezerrt. Sie laufen durchs Gestrüpp, wir sind wieder auf dem Floß. Über die Szene, deren Zeugen wir geworden sind, wird nicht gesprochen.

Kürzlich habe ich in dem Roman, den ich allein vom Hören kannte, nach diesem Bild gesucht, blätternd zunächst, dann las ich *Huckleberry Finn*, dessen Geschichte ja etwa zur selben Zeit spielt wie die von *Madame Bovary*, vom Anfang bis zum Ende, und wie es so häufig vorkommt bei Textstellen, die einem derart plastisch gegenwärtig sind: Die Szene gibt es nicht.

Und ich dachte an meine Urgroßmutter, die es, aus der Gegend um Kattowitz, dem unendlich weit sich in alle Himmelsrichtungen erstreckenden Industriegebiet, nach Duisburg verschlagen hatte, wo sie die meiste Zeit ihres Lebens verbrachte. Sieht man von den organisierten Tagesausflügen an Wallfahrtsorte ab, läßt man auch die Besuche bei ihren Kindern, dann ihren Enkeln, dann dem Urenkel, mir, beiseite, wird der Umzug von einer Stahlregion in eine andere ihre einzige große Reise gewesen sein. In Meiderich wird sie das meiste wohl zu Fuß erledigt haben, die weite Welt lag greifbar nah, ungreifbar weit entfernt. Es hätte sich um eine reine Phantasiewelt handeln können, wären nicht manchmal Zeichen ihrer Existenz leibhaftig in die eigene Welt eingedrungen, etwa in Gestalt eines Walfisches, den man eine Zeitlang in einem Hafenbecken beobachten konnte, oder als Affe, den der Urgroßvater im Laderaum eines Frachters entdeckt hatte und von der Arbeit mit nach Hause brachte.

»Du liebes Kind, komm, geh mit mir! Gar schöne Spiele spiel' ich mit dir.« Wie vertreibt man die Dunkelheit? Indem man sich Geschichten ausmalt, fiebrige Kopffilme, die im Dunkeln spielen. So hat mir meine Urgroßmutter, wenn sie bei uns zu Besuch war und wir das Zimmer teilten, bis weit in die Nacht Balladen aufgesagt, wobei Erbauliches oder Belehrendes nicht zu ihrem Repertoire gehörte. Im Gegenteil: In den Geschichten, an die ich mich erinnern kann, standen Verstörung, Schwermut, Halluzination und Tod im Vordergrund, keine entließ den Zuhörer in eine helle, geordnete Welt. Da kamen Nebelreiter, Bergmännchen und Waldgeister zusammen. Auf ihr Erscheinen und Verschwinden haben wir keinen Einfluß, sie allein entscheiden über ihre Präsenz, und Reim und Versmaß, überhaupt die Form, in der wir einander von ihnen erzählen, stellen vielleicht nur hilflose Versuche dar, uns einzureden, wir bekämen die flüchtigen Wesen in den Griff. »Ich liebe dich, mich reizt deine schöne Gestalt.«

Ich kannte die langen Nebeltage in der norddeutschen Ebene. Morgens lief ich ans Küchenfenster – die Welt da draußen war gelöscht. Und ich hatte schon einmal echte Moorleichen gesehen, ganz nah, hinter Glas, schwarz, augenlos, mit wirrem, dichtem Haar und verdrehten Gliedern. »Mein Vater, mein Vater, jetzt faßt er mich an!«

Eine Stimme im Dunkeln. Oder eine Gestalt, die uns stumm fixiert: Wir hören etwas, ohne es zu sehen, das Auge nimmt etwas wahr, aber das Ohr empfängt die zugehörigen Geräusche nicht – sobald unsere Sinne nicht synchron laufen, geraten wir aus der Fassung. »Siehst, Vater, du den Erlkönig nicht?« Wir trauen uns selber nicht mehr. Die Geister wissen das. »Mein Vater, mein Vater, und hörest du nicht / Was Erlenkönig mir leise verspricht?« Und um den fehlenden Sinneseindruck auszugleichen, halluzinieren wir. Man muß nur Ton- und Bildspur voneinander trennen, wenn man uns das Fürchten lehren will.

Was nützt es da, daß der Vater seinem Kind, sich selber gut zuredet und vom Nebelstreif, vom Wind in dürren Blättern und von den alten, grauen Weiden spricht, als könnte er Ton- und Bildspur mitten in der Filmvorführung wieder synchronisieren? – Der Junge hört seinen Vater ja schon lange nicht mehr.

Ich dachte an die vielen Kutscher und Chauffeure, die als zwielichtige Figuren durch die Literatur und die Literaturgeschichte geistern. Der Droschkenfahrer bei Flaubert, der sich partout kein Bild vom Geschehen hinter den gelben Vorhängen machen will – diese Einfalt nehmen wir ihm nicht ab. Die ganze Stadt begreift, die Leser und sogar die Zensoren begreifen. Natürlich ist Flaubert nicht Madame Bovary, obwohl er es behauptet hat. Vielmehr scheint der Verdacht berechtigt, mit diesem Kutscher, der nicht begreift, »welche Bewegungswut in seinen Fahrgästen steckt«, habe Flaubert sich selber auf den Bock gesetzt: Seht her, ich zeige euch meinen Wagen, den ich ziellos durch die Gegend lenke. Wohin euch meine Sprache führt, ist allein eure Sache. Wer meint, hier fülle der gelbe Schandfleck das gesamte Wagenfenster aus, der sei darauf verwiesen, daß es sich schlicht um einen Leinenvorhang handelt.

Marcel Proust läßt seinen Erzähler, den »kleine Goldschatz«, der lieber Flaubert als George Sand vorgelesen bekäme, bei einer Fahrt in der offenen Kutsche zum Schriftsteller werden. Als Junge sitzt er neben dem Kutscher auf dem Bock, unbeirrt vom Geholper der Fahrt notiert er auf einem Rezeptblock seinen ersten Text. Schreiben wird ihm etwas, das sich aus Perspektivverschiebungen ergibt, so wie es die Malerei bereits vorführt: Der Stil bin ich.

Da lenkt er seinen Wagen durch die Welt, der unglaubwürdige Erzähler, gleich einem Kutscher auf dem Bock oder einem Chauffeur hinter der breiten Windschutzscheibe, der die Umgebung aus immerfort wechselnder Perspektive wahrnimmt – Verläßliches ist unter solchen Bedingungen nicht zu erwarten. Wir haben es mit Hilfsgeistern zu tun, die sich als eigensinnig erweisen. Verschwiegen geben sie sich, dienstbereit, spielen den Unsichtbaren, der, ganz im Sinne seiner Kundschaft, seiner Leser, die Zügel in der Hand hält, ohne weiter in Erscheinung zu treten. Und dann Flaubert: als tumb sich stellender, schlechter Kutscher hieb er »aus Leibeskräften auf seine beiden schweißtriefenden Gäule ein und fuhr weiter, ohne jede Rücksicht auf das Geholper und auf etwaige Zusammenstöße«.

Emma und Léon verbergen sich vor fremden Blicken, schotten sich gegen störende Außenreize ab. Dann lüftet Proust den kleinen gelben Vorhang und läßt uns dabei zusehen, wie Swann und Odette auf einer Kutschfahrt »Cattleya machen«. Was aber ihn angeht, den Autor, zieht Proust die jeden Außenreiz dämpfenden Vorhänge aus der Flaubertschen Szene vor sein Leben: Keine Ablenkung, kein Eindruck aus der Wirklichkeit soll ihn bei seiner Imaginationsarbeit im dunklen, schallschluckenden Zimmer stören. Vom Schauspiel, das sich draußen bietet, darf höchstens noch beim morgendlichen Erwachen Benzingeruch durch die Vorhänge dringen, Erinnerung an die Zeit als begeisterter Automobilist, da »der einfallsreiche Agostinelli« es verstand, die Einzelheiten des Portals einer in Dunkelheit getauchten Kathedrale mit »übernatürlichem Licht« hervorzuheben, indem er den Scheinwerfer des Wagens nach den Wünschen seines Herrn auf das Gemäuer richtete.

Auf den Chauffeur mag der Schriftsteller auch in seiner dunklen Welt nicht verzichten – er wird vom Fahrer kurzerhand zum Kopisten, der die Entwürfe seines Arbeitgebers ins reine schreiben darf. Nein, Proust muß die Salons nicht mehr besuchen, um sie vor Augen zu haben, in der Erinnerung ist ihm alles gegenwärtig, die Snobs und Gecken und der alte Adel, die hohlen Phrasen und halbherzigen Versuche, die Langeweile aufzubrechen, etwa indem man eines Abends einen kleinen Affen in die Runde einführt.

Raymond Roussel dann, der Autor von *Wie ich einige meiner Bücher geschrieben habe*, braucht weder den Anblick dieses Affen noch die Erinnerung an ihn: Mögen seine *Eindrücke aus Afrika* auch Resultat einer Rundreise auf dem schwarzen Kontinent sein – Roussel hat sich in einer Mischung aus Flaubertscher Droschke und Proustscher Isolierzelle chauffieren lassen, ohne den Vorhang je zu öffnen. Die leere Leinwand, hinter der ein Film gespielt wird: Alles beruht allein auf der Kraft der Imagination.

Merkwürdiges Zusammentreffen, daß Raymond Roussel von einem ganz realen Chauffeur hintergangen wurde: Ein Mann, der, für eine Sizilienreise gebucht, nach dem plötzlichen Tod Roussels in Palermo geradewegs nach Paris zurückfuhr, um einen Neffen des Autors mit zwielichtigen Andeutungen zu erpressen. Merkwürdig auch, wie dieses wirkliche Geschehen bei Proust vorweggenommen scheint: Ehe er vor der *Ansicht von Delft* im Museum zusammenbricht, leidet der Schriftsteller Bergotte, der schon seit Jahren nicht mehr schreibt, längere Zeit an qualvollen Halluzinationen. Nicht mehr nur Alptraum-, Wahnbilder, wie sie der Schlafgestörte kennt, sondern – »Mein Vater, mein Vater, jetzt faßt er mich an!« – greifbare Erscheinungen, körperlich zu spüren. Darunter auch »die Wut eines Kutschers – weil Bergotte im Schlaf vor sich hingemurmelt hatte, dieser Mann fahre schlecht –, der sich wie ein bösartiger Irrer auf den Schriftsteller stürzte und ihm die Finger zerbiß, ja, sie ihm absägte«.

Das jähe Umschlagen von Dienstbarkeit in Tyrannei, von Vertraulichkeit in Verrat: Kein Wunder, daß Odette eine tiefe Abneigung gegen den Kutscher ihres Liebhabers verspürt. Auf die Diskretion eines solchen Wesens mag sie sich, als Künstlerin des Lüftens und Verhüllens, nicht verlassen.

Ich mußte an die mich damals schon verwundernde Empörung meiner Tante denken, nachdem sie ihre Kinder ins Kino begleitet hatte, um *Saturday Night Fever* zu sehen. Völlig entgeistert war sie: Da begatten sich die Leute nachts auf dem Parkplatz vor aller Augen auf der Kühlerhaube. War das im selben Jahr, als ein plötzlich quer über die Fahrbahn rollender Kinderwagen eine Limousine zum Bremsen zwang? Die Zeit, als sich überall die stammheimgrauen Kassetten-Jalousien aus Kunststoff ausbreiten, ein unerträgliches Rasseln, die Lichtschlitze werden schmaler, und dann ist es im Zimmer stockdunkel, kein Laut dringt von draußen herein. *Saturday Night Fever* habe ich bis heute nicht gesehen. Ein Kinderwagen rollt auf die Straße, der Chauffeur bringt die Limousine gerade noch rechtzeitig zum Stehen, im nächsten Augenblick liegt der PKW im Feuerhagel.

Und jetzt rollt ein Kinderwagen die Treppe in Odessa hinunter, am oberen Treppenabsatz die weiße Infanterie, am Fuß der Treppe die berittenen Kosaken, im Feuerhagel rollt der Kinderwagen über Tote und Verletzte hinweg, und kippt, am Ende der Treppe angekommen, zur Seite. Weder in diesem noch im anderen Kinderwagen hat ein Säugling gelegen. Und ich mußte an die stets blitzblanken Stiefel denken, die jämmerliche Akkuratesse, das permanente Wienern und Wichsen und Behauchen und Nachreiben der schwarzen Lederstiefel, die lächerliche, furchteinflößende Reinlichkeit gewisser Menschen, die zu allem fähig sind.

Dann sah man in den Pariser Vorstädten Nacht für Nacht Wagen brennen. Jeden Morgen wurden die neuen Zahlen der im ruhenden Verkehr angezündeten Fahrzeuge genannt, bald standen auch außerhalb von Groß-Paris geparkte PKW in Flammen, jede Nacht kamen zu den steigenden, für sich genommen grotesken Brandzahlen weitere Orte hinzu, deren Namen ich nicht alle kannte – ob Madame Bovarys Kleinstadt darunter war, ist mir entgangen.

Man hat verzweifelt versucht, in den brennenden Fahrzeugen die alten Symbole zu erkennen. Bestimmt wird mit der Symbolwirkung gearbeitet, wenn Nacht für Nacht Hunderte PKW auflodern, doch mit der Deutung von Symbolen bekommt man solche Phänomene nicht mehr in den Griff, die Stammelreaktionen wie die halbstarken Kommentare haben es vorgeführt. Heute zünde ich deinen Renault an, morgen nacht du meinen Peugeot – das Aufbegehren gegen die Macht, der Barrikadenbau, die sinnfällige Vernichtung kapitalistischer Symbole? Nichts weiter als sentimentale Erinnerungen. Die Fernsehkamera braucht starkes Licht? Das kann sie haben.

Ich sah mich noch einmal in München auf der Galerie stehen, im Erdgeschoß den in der Luft hängenden dunklen VW-Käfer. Meine üble Laune richtete sich ganz auf ihn, warum muß ich, der ich draußen schon dem Anblick unzähliger Autos nicht ausweichen kann, nun auch noch im Museum einen Wagen vorgesetzt bekommen. Endlich löste sich mein Blick von dem Ausstellungsstück, glitt langsam die Halle hinauf, gegenüber der breite weiße Streifen der Galeriebrüstung, und dort ein Gemälde an der Wand. Aus meiner Perspektive wirkte es, als lägen dieses Triptychon und der Volkswagen auf einer vertikalen Achse, als hätte man die beiden in ein Verhältnis zueinander setzen wollen. Als wären sie, für den Betrachter von der Galerie im ersten Stock, in eine heikle Balance gebracht.

Ich näherte mich dem Gemälde, schon aus der Ferne unverkennbar eine Arbeit von Francis Bacon, wie im Kontrast zum novemberfarbenen PKW in Rottönen gehalten. In der oberen Hälfte zieht sich fast bis zum linken Rand eine monochrome, leuchtend rote Wand. Darunter, die gesamte Breite des Triptychons einnehmend, eine grünstichige, rot-graue Fläche. Links oben, im offenen, ins Dunkel führenden Durchgang, eine weibliche Figur, anscheinend wendet sie sich der Szene zu, die vor uns ausgebreitet wird. Möglich, die Nackte nimmt jene zwei Männer in Augenschein, die auf dem rechten Flügel zu erkennen sind, in dunklem Anzug und mit weißem Hut, möglich, die Frau wird von den beiden beobachtet, ohne es zu merken. Die Blicke der Baconschen Figuren lassen sich ja nie eindeutig bestimmen, nie weiß man, ob diese Gesichter, diese Körper sich aus eigener Kraft bewegen oder ob sie ihre Form unter äußerem Druck annehmen, so wie man auch nicht zu sagen wüßte, ob Francis Bacon auf seinen Gemälden den Schmerz darstellt, oder ob diese Bilder der Schmerz selber sind.

Bei Francis Bacon kann man nicht anders als zwanghaft nach den Augen suchen, so auch hier, auf dem 1965 gemalten Triptychon mit dem Titel *Crucifixion*, vor dem ich nun stand. Die zentrale Erscheinung auf dem linken Flügel: ein fleischiger Arm, ein Hund, ein Totenkopf, wie auf Matratzen gebettet, rot, rosa, weiß. Der Mittelteil: An einer in die Höhe ragenden Apparatur, vielleicht einem Wohnelement, hängt etwas wie ein Mensch, der Oberkörper ruht auf dem Boden. Darüber scheint sich ein zweites Wesen in den geöffneten Körper zu schieben, ein Tier, eine Comicfigur. Und auf dem rechten Flügel, wo die zwei Herren an einem Stehtisch lehnen, am äußersten Rand ein Mann, in sich verdreht, zu Boden blikkend, vielleicht steht er auf einer Matte, vielleicht betrachtet er eine türkisfarbene Flüssigkeit, vielleicht ist das sein Schatten.

Weil sein Hinterkopf so deutlich zu erkennen ist, sein Ohr, das glatt zurückgekämmte Haar, ging meine Suche nach den Augen hier ins Leere, hielt ich mich an anderen hellen runden Flecken fest, die in der rosafarbenen Umgebung aufscheinen: Dort dieser weiße Kreis auf rotem Grund am nackten Oberarm. Da ich noch näher heranging, erkannte ich, durchs Deckweiß schimmernd, ein Hakenkreuz.

Jetzt rasten die Bilder zwischen der Baconschen *Kreuzigung* und dem VW-Käfer hin und her: Habe ich nicht einmal ein Blatt gesehen, auf das der Kunstmaler und »kleine Meldegänger«, den sie »Führer« nannten, einen ersten Entwurf des KdF-Wagens gekritzelt hat? Ist es ihm also, wenn auch nicht mit seinen Postkartenmotiven, so doch mit dem Ergebnis seiner Mobilitäts-Phantasie, Anfang des dritten Jahrtausends gelungen, in einem Museum der Moderne ausgestellt zu werden, hier in München zudem, der früheren »Stadt der Bewegung«? Und hat der Nationalsozialismus, der in so vielem mit dem Sozialismus konkurrierte, damit lange nach seinem Ende eines der gemeinsamen menschenverachtenden Ziele erreicht: nämlich – koste es, was es wolle – die Unterschiede zwischen Kunst und Kunsthandwerk zu verwischen, koste es auch noch so viele Menschenleben, das diensteifrige Kunsthandwerk der eigensinnigen Kunst gleichzusetzen? Wer wischt die Hirnmasse von der Stiefelspitze, bevor das Paar SS-Stiefel als historisches Dokument deutscher Gestaltungskunst seinen Platz in einer beleuchteten Vitrine findet?

Die nackten, die geschundenen Menschen und ihre Schinder auf Bacons Bildern, das offene, pulsierende, stinkende Fleisch, das frische Blut und die verschorften Wunden, die ganzen Schlachtabfälle des zwanzigsten Jahrhunderts, die Francis Bacon vor uns auszubreiten scheint – dazu der liebevoll konservierte, chromblinkende, keinen Dreckspritzer zeigende VW. Ein Wort wie »Kotflügel«, ein Wort wie »Waschanlage«, ein Wort wie »Fahrgastzelle«. In der Pinakothek der Moderne empfand ich den Anblick eines VW-Käfer sals obszön.

Nach einer Weile – ich hatte ein bißchen auf der Galerie herumgepöbelt, die armen Freunde, die mit mir ins Museum gegangen waren – beruhigte ich mich wieder, gewann Distanz zurück, eine heiße Distanz, und begann zu zweifeln: War ich nicht selbst in Gefahr, das Gemälde Francis Bacons in den Dienst zu stellen?

Natürlich hat man den Maler nach der Hakenkreuzarmbinde gefragt. Nein, die historische Bedeutung dieses Symbols sei nicht ausschlaggebend gewesen, meinte Francis Bacon im Gespräch. Zwar habe ihn eine Photographie angeregt, die Hitler im Kreis anderer Nationalsozialisten zeigt, doch habe ihm das Bild lediglich die Lösung eines Problems geliefert: Genau an jener Stelle, jener fleischfarbenen Fläche, brauchte er einen zusätzlichen Farbfleck, einen roten Akzent um den Arm, aus malerischen Gründen. Bacon war also nicht von dem Wunsch geleitet, sein Triptychon mit Bedeutung aufzuladen, indem er sich eines allseits bekannten, bis heute gegenwärtigen politischen Symbols bediente. Entschärft wird damit seine Arbeit nicht. In meinen Augen nimmt vor dem Hintergrund von Bacons Aussage die beunruhigende Wirkung seines Gemäldes eher noch zu.

Lodernder Droschkenvorhang, entflammtes kleines Mauerstück. Federn auf schwarzem Grund – eine menschliche Figur im Fackelschein. Nein, die von einer nackten Hand aus dem Wagenfenster geworfenen Papierschnipsel, wie sie »im Winde davonflatterten und sich dann wie weiße Schmetterlinge auf ein blühendes Rotkleefeld setzten«. Oder ein weiter nichts bedeutender weißer Fleck auf rotem Grund. Wohin führt mich die Sprache, wohin treiben wir? Ist der Schreibende halluzinierender Junge, beruhigend ihm zuredender Reiter und einflüsternder Erlkönig zugleich?

Während der Arbeit an diesem Text, dem, wie mir scheint, auf dem Weg sein ursprünglicher Titel, *Filme der Frühzeit*, abhanden gekommen ist und der mittlerweile vielleicht besser *Die Notwendigkeit des Schlafes* heißen sollte, oder schlicht *Oktober, November, Dezember* – während der Tage also, die ich lesend, in der Wohnung herumlaufend und immerzu notierend verbrachte, kam mir irgendwann in den Sinn, noch einmal bei W. G. Sebald nachzuschauen, wie er in einem Vortrag vom Bild des Lichternetzes über der Verwaltungsstadt des Daimler-Konzerns in Stuttgart zum Bild der Lastwagenkolonnen mit dem Mercedes-Stern gelangt, die überall in den Zonen der Verheerung auf dieser Welt zu sehen sind. Ich wollte es ganz konkret wissen, im Detail, wie baut er seine Sätze auf, welche Konjunktionen braucht er, wie läßt er Bild in Bild fließen, ohne sich je in ein Korsett von Begründungszusammenhängen zu fügen, ohne argumentative Folgerungen anstellen zu müssen, ohne daß er sich des unbefriedigenden, am Ende alles wieder zum Verschwinden bringenden Mittels bedient, aus seinen Beobachtungen ausdrücklich einen Schluß zu ziehen. Ich habe es, beim Wieder- und Wiederlesen dieses einen Satzes, nicht herausgefunden. Statt dessen fiel mir wieder ein, daß dieser Stuttgarter Vortrag sein letzter Text war – wenige Tage später ist W. G. Sebald bei einem Autounfall gestorben.

Und ich mußte an meinen Großvater denken, der Anfang der siebziger Jahre in einer regnerischen Herbst- oder Winternacht vor der eigenen Haustür überfahren wurde. Er hatte, spät von der Arbeit heimgekehrt, seinen Wagen auf der gegenüberliegenden Straßenseite abgestellt und war eben auf den im Nieselregen oder schweren Nebel schwarzglänzenden Asphalt getreten, als ihn ein heranrasender PKW erfaßte.

Meine Großmutter öffnete die Tür, vielleicht hat er seine Schlüssel im Büro liegenlassen, ihr war nicht aufgefallen, daß sämtliche Klingeln im Haus geläutet hatten, vor ihr ein junger Mann, bleich im Gesicht und zitternd, die junge Frau neben ihm brachte kaum ein Wort heraus, meine Großmutter verstand gerade genug, um ans Telefon zu gehen und die Notrufnummer zu wählen.

Da lag jemand am Straßenrand, ein Notarzt beugte sich über ihn, die ganze Nachbarschaft stand vor dem Haus, dort der Krankenwagen, die Polizei, und meine Großmutter schaute noch immer die Straße hinunter, ob der vertraute Wagen kommt, mein Großvater hätte längst da sein müssen.

Endlich hoben die Sanitäter den angefahrenen Mann vorsichtig auf die Bahre. Aus seiner Aktentasche, die wohl geöffnet worden war, weil man sich Aufschluß über die Identität des Unfallopfers erhoffte, fiel eine Brotbüchse zu Boden. Traf auf dem Gehweg auf, ein dumpfer Ton, die Kunststoffbox war leer, meine Großmutter kannte das Geräusch. Und in diesem Moment begriff sie, wer jener Fremde war, den man vor ihrer Haustür überfahren hatte.

Jetzt wollte ich es genau wissen, wie viele Tage lagen zwischen dem Stuttgarter Vortrag W. G. Sebalds und seinem tödlichen Unfall. Ich erinnerte mich, ich hatte die Nachricht an einem Sonntag erfahren, ich war in einem Bummelzug unterwegs, »in der Ebene Holsteins mit einem unzerbrechlichen Himmel und, nördlich von Flensburg, den holzfarbenen Kühen an den sanften Abhängen Dänemarks«, wie es bei dem hierzulande noch immer völlig unbekannten spanischen Schriftsteller Juan Benet einmal heißt. Erwartungslos blätterte ich in den Sonntagszeitungen, umgeben von Landjugend und müden Trinkergestalten. Als ich die Photographie sah, die Sebald mit verschränkten Armen zeigt, wie er in einem Mauerwinkel lehnt, die rohe Ziegelwand, der graue Flecken Putz, und, auf der Schwarzweißaufnahme nicht gut zu erkennen, Salpeter, Flechte oder Schwamm, glaubte ich zunächst an die Bebilderung eines neuen Essays, an eine Lobrede vielleicht. Ich begann zu lesen: »Er starb am Freitagabend am Steuer seines Wagens.« Filme im Kopf, die man nicht sehen möchte. Doch aus dem Reich der Sprache klingt es herüber: »Und bist du nicht willig, so brauch' ich Gewalt.«

Ich nahm die Nachrufe aus ihrer Mappe, rechnete vom Sonntag, dem 16. Dezember 2001, bis zum vorangegangenen Freitag zurück, und merkte – gespenstisch, wohin die Sprache uns zu führen in der Lage ist: Das Datum, an dem ich diesen Text vortragen würde, war W. G. Sebalds vierter Todestag.

»... und endlich auch die Materie des ganz kleinen gelben Mauerstücks. Das Schwindelgefühl nahm zu; er heftete seine Blicke – wie ein Kind auf einen gelben Schmetterling, den es gern festhalten möchte – auf das kostbare kleine Mauerstück. So hätte ich schreiben sollen, sagte er sich. Ich hätte die Farbe in mehreren Schichten auftragen sollen.« – Wie schön, Bergotte, sich dies vor einem Detail der *Ansicht von Delft* zu überlegen, das allein in der Sprache existiert. – »Er sprach mehrmals vor sich hin: ›Kleines gelbes Mauerstück mit einem Dachvorsprung, kleines gelbes Mauerstück.‹ Im gleichen Augenblick sank er auf ein Rundsofa nieder. ›Nur eine Verdauungsstörung, die Kartoffeln waren nicht ganz gar, es ist weiter nichts.‹« – Nichts weiter, Francis Bacon, als ein roter Fleck, der auf den nackten Oberarm einer Figur gemalt werden muß. – »Er rollte vom Sofa auf den Boden, wo die hinzueilenden Besucher und Aufseher ihn umstanden. Er war tot. Tot für immer? Wer kann es sagen?«

*

Auf dem Rückweg von einer Tagesfahrt nach Polen hielten wir noch einmal in Jelenia Góra, in Hirschberg, um etwas zu essen, ehe wir über die Grenze gingen. Wir parkten auf einem enttrümmerten Grundstück am Rand der Altstadt, Kinder scharten sich um unseren Wagen, es gab offenbar nicht viele Touristen hier um diese Zeit. Ein früher Herbstabend, die Sonne würde bald untergehen, im weichen Licht liefen wir über den Hügelkamm, reihten uns ein in den Strom der Passanten, Einkäufer, Feierabendspaziergänger, Familien auf dem Weg zum Abendgottesdienst.

Als wir von den Altstadtgassen genug gesehen hatten und es schon dunkel, außer uns kaum mehr jemand auf der Straße war, entschieden wir uns am Marktplatz für eine der Gaststätten unter den Arkaden. Ich weiß nicht mehr, wie sie hieß, warum wir gerade sie auswählten – das Versprechen traditioneller Gerichte vielleicht, die Gardinen in den Fenstern, keine Radiomusik von drinnen, und wir hatten noch eine ganze Strecke durch die Nacht vor uns. In diesem Restaurant im südpolnischen Jelenia Góra habe ich zum erstenmal in meinem Leben – und, sollte ich nicht dorthin zurückkehren, vermutlich auch zum letztenmal – die Kopie eines Stillebens von Pieter Claesz gesehen.

Ein weithin unbekannter niederländischer Meister

des siebzehnten Jahrhunderts, ein Name, der nur Stilllebenspezialisten etwas sagt. Sicherlich keine naheliegende Wahl für den Kopisten, einen Kunst- oder Hobbymaler vielleicht, ein lebenslanger Amateur, der plötzlich – welcher Regung folgend? – aus seiner Routine ausbricht und das Bedürfnis hat, statt eines Rembrandts oder van Goghs ein Gemälde zu kopieren, das nichts weiter zeigt als einen Tisch mit einem Brötchen darauf, einem großen Glas und einem Zinnteller.

Ein einziger Tisch im Gastraum war besetzt, zwei Paare Mitte Fünfzig, die ihre Mahlzeit bereits beendet hatten. Ich kann mich nicht erinnern, ob sie Polnisch sprachen, dabei weiß ich noch genau, sie unterhielten sich angeregt, während sie darauf warteten, daß die Serviererin mit Kaffee und Kognak kam. Wir ließen uns am Nebentisch nieder, die rote Leinendecke, Platzdeckchen aus Kunststoff mit folkloristischen Motiven, die kleine Vase mit künstlicher Blume in der Mitte, der Salzstreuer, der Pfeffer.

Mit dem Kaffee für die anderen Gäste brachte die Serviererin uns, sehr aufmerksam, einen Aschenbecher und zwei dieser leicht klebrigen, selten zur Hand genommenen Speisekarten in englischer Sprache. Beim Umblättern entsteht jedesmal ein abscheuliches Geräusch, die Schrift hat sich an manchen Stellen vom Papier gelöst und haftet innen an der Schutzhülle. Was ich bestellt habe, weiß ich nicht mehr, irgendeine einheimische Spezialität, das Englisch half mir nicht viel weiter, die Serviererin sprach uns auf Deutsch an, Essen läßt sich nicht übersetzen.

Sie verschwand in der Küche, ich schaute zur Bar hinüber, ein Mann polierte Gläser, man merkte, das Lokal war vor nicht allzulanger Zeit renoviert worden, ein Ort, der einmal Charakter besessen hatte, wenn auch nicht unbedingt einen besonders guten. Jetzt war die alte Muffigkeit durch Reinlichkeit ersetzt, der braune Teppichboden, die Wände in einem undefinierbaren Beige gehalten, praktisch, gemütlich, nikotinabweisend. Und dann sah ich den Pieter Claesz.

Das heißt: Zunächst war da etwas Vertrautes an der Wand, das ich im ersten Moment kaum als Stilleben dieses Malers, vielleicht nicht einmal als Gemälde wahrnahm. Ein Rechteck, das sich in die fremde Umgebung einfügte, die Farbgebung, die Ruhe, als gehöre es nur hierhin, in dieses Restaurant am Markt in Hirschberg. Zugleich aber wurde etwas in mir angerührt, stach der Anblick aus seinem Umfeld heraus. Dieser Tisch rechts – auf nahezu allen Bildern von Claesz steht er dort am Rand – und der Lichteinfall – stets kommt das Licht von links – und die Reflexion des Lichts im großen Glas – ein Berkemeyer oder ein Römer, Claesz hat diese Formen immer wieder, hat zum Teil über Jahre hinweg dieselben Gläser immer von neuem gemalt – und die rauhe Oberfläche eines aus dem Ofen kommenden Weizenbrötchens im Verhältnis zum Widerschein vom glatten, kühlen Zinnteller – Pieter Claesz hat sein Leben lang Brötchen und Gegenstände aus Metall gemalt.

Das war nichts Fremdes in diesem nun bald leeren, von Nachwendetristesse erfaßten Lokal, im Gegenteil: Der Raum, in den das Bild mich schauen ließ, war ein Raum, den ich gut kannte. Die Welt des Pieter Claesz – in Jelenia Góra begriff ich sie zum erstenmal als Teil meiner eigenen Welt, während ich über einem mächtigen Teller mit Fleisch und Bratkartoffeln und frischer Rohkost saß.

Nie hat Pieter Claesz aus Haarlem, wie etwa sein Kollege Snijders, große Küchenstilleben mit Wildbret gemalt, einen lebenden Hirsch, ›jelen‹, schon gar nicht. Auch Landschaften gibt es nicht von ihm, keinen einzigen Berg, ›góra‹, und keine Menschen, die am Tisch sitzen und Wildgulasch oder eingelegten Hering mit Kapernäpfeln essen. Für Blumensträuße hat er sich nicht besonders interessiert, ebensowenig für Insekten. Einmal sieht man auf einem Bild eine lebende Katze, sie sitzt schief auf dem Tisch und hat ein grobes Fell. Katzen waren nicht seine Stärke. Vielleicht hat jemand anders sie gemalt.

Menschen tauchen bei Claesz nur in Form von Schädeln auf, der Tod ist das Ende der Dinge, der Totenkopf ein Gegenstand, der uns an uns selber erinnert. Auf einem seiner Vanitas-Stilleben hat Pieter Claesz ein Selbstporträt versteckt, in einer Glaskugel spiegelt sich dort eine Figur, vor einer Staffelei sitzend, den Blick auf ebendiesen Tisch gerichtet, der vor uns liegt. Im Vormittags-, im Abendlicht. Die Spiegelung eines bärtigen Mannes mit Hut, der einen Pinsel in der Hand hält und einen Totenkopf fixiert: Der Maler selbst, den wir, fast unbemerkt, bei der Arbeit beobachten, als Reflexion des Lichts. Wenn es Nacht wird, wird er, wie die betrachteten, gemalten Gegenstände, in der Dunkelheit verschwinden.

Am Ende hat Claesz auf seinen Stilleben keine Gegenstände erfaßt, hat auch nicht deren unterschiedliche Oberflächenstrukturen dargestellt. Pieter Claesz hat vielmehr immer Lichtverhältnisse untersucht. Er malte Licht, wie es durchs Fenster in sein Atelier fällt und Dinge zum Erscheinen bringt.

Von meinem Platz aus konnte ich die Claesz-Kopie

nicht in allen Einzelheiten erfassen, dort an der trübgelben Wand, im Halbdunkel, auf dem Weg zwischen Küche und Toiletten. Vielleicht aber hing das Bild in einem solchen Schummerlicht, der vorgetäuschten, dumpfen Heimeligkeit, geradezu ideal. Jedem Besucher auf Anhieb sichtbar und zugleich verborgen, so wie die Arbeiten von Claesz zu seinen Lebzeiten in den Haarlemer Bürgerhäusern gehangen haben müssen, bei reichen Lebensmittelhändlern, Brauereibesitzern, in Gasthäusern wie diesem hier, verwinkelt, eng, mit feucht wirkendem Mauerwerk, und klamm das Bettzeug, sollte man um ein Zimmer für die Nacht bitten müssen.

Je näher ich an das Bild heranging, desto unschärfer, schwammiger wurde es, nur aus der Ferne konnte ich es als Kopie nach Pieter Claesz erkennen, die Komposition, der Umgang mit Brauntönen, mit Bleiweiß, Schwarz, seine zurückhaltende Eindringlichkeit. Das Stilleben war, soweit ich mich erinnere, signiert – ein Kopist, der mit seinem eigenen Kürzel zeichnet, sonderbar – und auf 1991 datiert. Wie war der Maler auf seine Vorlage gestoßen?

Anscheinend hatte er eine schlechte Kunstpostkarte abgemalt. Vor einem Original wird der Kopist aus Hirschberg nicht gesessen haben – falls doch, mußte er kurzsichtig sein und hatte von den Feinheiten bei Claesz rein gar nichts mitbekommen. Die Schale einer Walnuß im Unterschied zu ihrem Kern. Der eingelegte Hering und sein Schimmern. Die Weintraube neben der Walderdbeere. Die Schnittflächen einer halbierten Apfelsine, wie sie sich vom Orange der Schale abheben, und auf der anderen Seite die Porzellanschale mit gekochten Garnelen, deren Panzer zwischen Rosa und Weiß changieren. – Bei Claesz hängt alles an derartigen Details, sie unterscheiden ihn von seinen Nachahmern, von seinen Schülern, und sein Verehrer aus Jelenia Góra hätte sich – wenn ihm diese Details nicht wichtig waren – genausogut jedem anderen niederländischen Stilleben aus dem frühen siebzehnten Jahrhundert zuwenden können.

Nein, der Claesz-Kopist, den der Wirt im Zuge der Renovierung beauftragt haben wird, sein Restaurant mit Ölgemälden zu bestücken, kann 1991 kaum nach einem Original gearbeitet haben, soviel steht fest. In den Museen hingen die Stilleben von Pieter Claesz immer versteckt, unscheinbar in irgendeinem Winkel, sofern sie nicht im Depot eingelagert waren. Lange hat man nur mehr vom »Monogrammisten PC«, »Meister PC« gesprochen, nach seinem Tod war mit der Figur des Malers bald auch sein Name, und dann gewissermaßen sein Werk verlorengegangen. Die Fachleute sahen sich zur Identifizierung nicht mehr in der Lage, die Bilder wurden anderen Künstlern zugeschrieben oder einfach aus dem Blick geräumt. Seine erste Einzelausstellung überhaupt erhielt Pieter Claesz im November 2004, da war er fast vierhundertfünfzig Jahre tot, in Haarlem, in Zürich, in Washington, weit weg von den nördlichen Ausläufern des Riesengebirges, weit weg von Jelenia Góra.

Hatte diese Arbeit von Claesz in Polen zum regelmäßig nachgelieferten Bestand an Kalenderbildern gehört, an Plakaten, aus dem man im staatlichen Kunsthandel auswählen konnte, um die Wohnzimmerwand zu schmücken? Eine Handvoll Reproduktionen, von wem und unter welchen Gesichtspunkten auch immer zur Erbauung der Bürger freigegeben. Eine je nach Land etwas anders zusammengestellte Serie europäischer Meisterwerke. Rückblickend könnte niemand mehr sagen, warum gerade diese Bilder ihren Weg in die Haushalte gefunden haben. In der DDR etwa die Sonnenblumen van Goghs, die ich Anfang der neunziger Jahre an der Stubenwand eines landwirtschaftlichen Großbetriebs bei Stralsund entdeckte – außer mir wußten alle: die Auswahl war nicht eben groß gewesen, wenn man das eigene Heim verschönern wollte. War dieses Stilleben also ein polnisches Standardbild, Grundausstattung jeder zweiten sich historisch gebenden Gaststätte am Marktplatz, unter den Arkaden? Nur daß unser Restaurantbesitzer etwas Edleres gewollt hatte, ein echtes Ölgemälde statt des überall verbreiteten Drucks?

Oder hatte Pieter Claesz von jeher einen polnischen Verehrerkreis, halb im geheimen, tauschte man unter Kennern immer schon Kunstdrucke seiner ›monochromen banketjes‹ aus, die Ansichtskarte aus Amsterdam gegen den großformatigen Fehldruck aus einem ungarischen Stillebenbuch? Vielleicht ist der Hirschberger Kopist, dessen Signatur ich nicht habe entziffern können, Mitglied eines solchen im Schatten wirkenden Bundes, Bewunderer des verborgenen Haarlemer Meisters und seiner freundlichen Konsequenz, seiner zurückhaltenden Unerbittlichkeit, rätselte ich, als wir längst wieder im Auto saßen und durch die polnische Nacht Richtung Grenze fuhren.

*

Lessings Ofenschirm. Sei es, daß sie, von kindlicher Grausamkeit getrieben, nichts weiter vorhaben, als sich am Sterben der gequälten Kreatur zu erfreuen, sei es, daß die doch aller Wahrscheinlichkeit nach das Spektakel begleitenden Laute der Todesqual, die ich mir als ohrenbetäubende, in keinem anderen Moment als dem der äußersten Angst von einem lebendigen Wesen ausgestoßene Schreie vorstelle, der Geruch nach versengtem Haar und die verzweifelten, über der Flamme nach und nach schwächeren Regungen des kleinen, sich seiner Ohnmacht bewußt werdenden Körpers für sie ein unerwartetes Schauspiel darstellen, mit dem das Tier ihnen die Vorfreude auf eine Mahlzeit versüßt: die beiden Kinder, deren Gesichter vom Lagerfeuer, über das sie sich, während sie eine Ratte braten, so neugierig beugen, aus der Dunkelheit gehoben werden, wirken mit ihren aufgerissenen Augen und den tiefen Furchen um die offenen Münder, den somit ganz und gar nicht der üblichen Zeichnung unschuldiger Kinder entsprechenden, häßlichen Zügen, als seien sie bei ihrem Zeitvertreib, der sich mit dem Anlocken und dann Einfangen eines Tieres zunächst von anderen Spielen kaum unterschieden hat, um mit den folgenden Schritten, dem Aufspießen und schließlich Justieren eines Haus- oder Feldschädlings über dem offenen Feuer eine bis dahin geltende Grenze zu übertreten, angesichts der verendenden Kreatur mit einemmal wie von Geisterhand in ihre eigene Kreatürlichkeit zurückgeworfen worden.

Es steht außer Zweifel, daß Tiere, wie der Mensch, eine im Augenblick der Angst um das eigene Leben aufblitzende Vorstellung vom Tod haben, die sich bei den Vertretern zahlreicher Arten an ihrem Verhalten oder ihrem Gesichtsausdruck ablesen läßt. Die Angst des Individuums um seine Existenz: eine Regung, in der sich Menschen und Tiere gleichen, in der sich der Mensch also, wenn er ihr bei einem Tier begegnet, selbst erkennen muß. Der wilde Blick, als schwankten die Kinder zwischen Entsetzen und Besessenheit, da sie abwarten, ob die Ratte ihren letzten Atemzug bereits getan hat, oder ob nicht doch noch ein allerletzter folgt, als begriffen sie instinktiv, zu welchem Tun sie fähig sind, und als begriffen sie es auch wieder nicht.

Unter den wenigen, zudem meist schwachen, wie aus der Dunkelheit aufscheinenden Bildern, die ich im Zusammenhang mit Gotthold Ephraim Lessing vor Augen habe, ist dieses, zwei Kinder beim Braten einer Ratte, das deutlichste, vielleicht, weil es keiner Vermittlung durch Worte bedarf. Ein Bild, dem ich vor Jahren – es waren schmutzige, nur von wenig Grün durchsetzte Frühlingstage – bei einem Besuch des Lessingschen Hauses in Wolfenbüttel begegnet bin, und das mir seit jenem ersten Betreten der Räumlichkeiten immer wieder in den Sinn kommt, ohne daß ich überhaupt sagen könnte, ob Lessing selbst es je gesehen hat. Seine unwillkürliche Präsenz aber drängt alle anderen Fragen in den Hintergrund, etwa die, ob dieser Ofenschirm, auf dem die beiden Kinder am Lagerfeuer abgebildet sind, sich schon zu Lessings Zeiten an seinem Platz vor dem offenen Kamin befunden hat, oder ob Lessing – sofern der Ofenschirm nicht später ins Haus gekommen ist – sich während seiner Wolfenbütteler Jahre tatsächlich in diesem Zimmer aufhielt.

Mag sein, Lessing wußte nichts von diesen Kindern, dieser Ratte, diesem Lagerfeuer – die Fragen spielen für mich keine Rolle angesichts der Vorstellung, er sitze an Wintertagen, wenn die Dunkelheit bereits hereingebrochen ist, genau dort vor dem Kamin und sehe, da er für eine Weile ins Feuer schauen will, statt Scheiten und Glut dieses Bild von einem Feuer, das den wirklichen Kamin verdeckt. Denn selbst wenn Lessing vor diesem Ofenschirm gesessen haben sollte, muß er – den zuletzt gelesenen Worten in einem Manuskript nachsinnend, von dem er aufblickt, oder von einer die längste Zeit des Abends andauernden Unterhaltung erschöpft – die Abbildung darauf ja keineswegs bewußt wahrgenommen haben, können die beiden Kinder ihm verborgen geblieben sein, sei es, daß er sie mit seinen vom Lesen müden Augen erst gar nicht fixierte, sei es, daß von der Darstellung so gut wie nichts erkennbar war, weil der Feuerschein aus dem Kamin den opaken Ofenschirm in einen rot leuchtenden Rahmen setzte, vor dem die Ölmalerei in Dunkelheit versank.

Daß man dieses Bild vom Rattenbraten trotz seiner Drastik und Merkwürdigkeit sogar bei hellem Tageslicht vor Augen haben kann, ohne es wahrzunehmen, habe ich selbst miterlebt, weil ich bei meinem Besuch nicht allein war, sondern mit einer größeren Gruppe mehrere Stunden in ebendiesem Raum verbrachte, wobei niemandem sonst der Ofenschirm auffiel, und noch unter denjenigen, die Tag für Tag im Haus ein- und ausgehen, um alles mit Lessing und seinem Leben dort in Beziehung Stehende in Erinnerung zu halten, war es mir nicht möglich, jemanden zu finden, der dem Bild je nähere Aufmerksamkeit geschenkt oder mir sogar hätte Auskunft darüber geben können. Nach und nach löste sich so das Bild von seinem möglichen historischen Hintergrund ab, am Ende war ich froh, nichts weiter über den Ofenschirm in Erfahrung gebracht zu haben, denn gerade solche Entdeckungen, von denen man meint, man habe sie als erster gemacht, und das, obwohl sie jedem anderen gleichermaßen leicht zugänglich gewesen wären, setzen sich um so tiefer in einem fest, man glaubt sich »in der einsamsten Tiefe jenes Waldes, wo ich schon manches redende Tier belauscht«. Entdeckungen wie diese werden zu Erscheinungen, über die man nach den eigenen, die Vorlage im Laufe der Zeit ausschmückenden, umformenden Vorstellungen verfügt, ohne daß jemand Einspruch dagegen erheben könnte, der Ofenschirm wird vor dem inneren Auge ein Stück Privatbesitz, woran auch die Tatsache nichts ändern könnte, daß man sich zu seiner Beschreibung eines fremden Stils bedient.

Das Feuer, das Licht. Und ihre Kehrseite, eine von vier Füßen getragene, mit einer Szenerie verzierte Eisenplatte, die aus dem Kamin sprühende Funken zurückhält und damit das Haus vor einem Brand bewahrt. Als sei das Zimmer die Wildnis selbst, so dunkel und geheimnisvoll und unerforscht, in dem das von Menschenhand angefachte Feuer mit seinem hellen Schein die menschliche Zivilisation verkörpert. Die Ratte hat sich eben noch im Todeskampf gewunden. Jetzt hört man kein markerschütterndes Quieken mehr. Das gebratene Stück Fleisch ist nicht mehr länger auf dem Spieß, der Schimmer, in dem die verzerrten Gesichtszüge der Kinder überdeutlich hervorgetreten sind, wird immer schwächer, irgendwann erlischt auch die letzte Glut, im Dunkeln starrt jemand nur mehr auf eine dunkle Fläche. Die Raserei, dazu das Staunen über die eigene Raserei sind aus dem Blick verschwunden. »Ich sann, ich wählte, ich verwarf, die Stirne glühte«, schreibt Lessing, wo er vom Wald der redenden Tiere spricht, und so, wie man nach der Lektüre seiner *Abhandlungen über die Fabel* den Eindruck haben könnte, die Fragen nach Moral und Sittenlehre und der Fähigkeit des Lesers, seine Schlüsse eigenständig zu ziehen, wobei der Autor sein besonderes Augenmerk auf Kinder lenkt, seien keineswegs wichtiger als jene nach dem Satzbau und der richtigen Verwendung von Tieren, im Gegenteil, wer sich erst einmal darüber klargeworden sei, in welcher Art von Sätzen er welche Tierarten auftreten läßt, habe das meiste schon gewonnen, die Moral ergebe sich dann wie von selbst und müsse nicht erst eigens ausformuliert werden, könnte man aufgrund der Erwähnung einer glühenden Stirn an hervorgehobener Stelle meinen, Schreiben bedeute nichts anderes, als daß jemand sein Gesicht einem heißen Ofenschirm zuwendet und ihn endlich gegen allen inneren Widerstand berührt, um sich gemeinsam mit zwei Kindern über ihr gemaltes Lagerfeuer zu beugen und der unter grauenhaften Qualen sterbenden Ratte nahe zu sein.

IV

Mit einem unguten Gefühl hatte ich abends gegen acht am Wannsee die kalte Luft geatmet und war in den Wagen gestiegen. Schneefall, der mir die Sache für den Moment sicherlich erschwert, aufs Ganze gesehen aber sehr erleichtert hätte, war in dieser Nacht nicht zu erwarten, statt dessen deutete alles auf tiefe Minusgrade hin. Was um den See, dann auf dem Ring vereinzelte Nebelbänke waren, sollte sich im Verlauf der Strecke unter dem sternklaren Himmel in eine harte Frostlandschaft verwandeln.

Hätte ich einen Beifahrer gehabt, wäre ihm schon auf dem Hinweg am Mittag meine Unruhe aufgefallen, als ich mich im Wintersonnenlicht nach Berlin aufmachte, durch die weite, nach Norden hin immer sandiger werdende, von Kiefernwäldern mehr und mehr geprägte Landschaft, an Siedlungen mit auffallenden Namen wie Ortrand, Freienhufen, Calau oder Märkisch Buchholz vorüber auf dieser so angenehm zu befahrenden, meist leeren Autobahn, deren sich fast ein Jahrzehnt hinziehender Ausbau mittlerweile kurz vor dem Abschluß stand. Denn ganz anders als bei früheren Fahrten konnte ich weder den Anblick der Umgebung noch der vor uns liegenden, in ihrem gleichmäßigen Grau auf das Auge wohltuend wirkenden Straße genießen. Ich war abgelenkt, ich horchte, nicht in mich hinein, sondern in den Wagen, der, zunächst leise, ungewohnte Geräusche machte, als klopfe in weiter Ferne Metall gegen Metall, ein streckenweise rhythmisches, dann wieder sich überschlagendes Klappern oder Rumpeln, das ich erst auf die Bodenwellen und den grob in der Ablage verkeilten Cassettenstapel, dann auf die nicht richtig geschlossene Kühlerhaube schob, um endlich einzusehen, daß es aus dem Motorenraum ins Innere dringen mußte. Einmal war ich, als litte, wenn man aufmerksam horcht, das Sehvermögen, mittags sogar beinahe von der Fahrbahn abgekommen.

Nachts waren die sachten Klopfgeräusche bald zu einem unablässigen, heftigen Poltern geworden, so laut und beängstigend, daß ich – kein Beifahrer, mit dem ich mich unterhalten und vielleicht über die Störung hätte verständigen können – das Radio immer lauter drehte, um in einem ganz allgemeinen, auf nichts Außergewöhnliches hinweisenden Lärm untergehen zu können. Das Klopfen aber übertrug sich auf den gesamten Wagen, ich spürte es in den Füßen, im rechten Arm, in meinen Schultern, und ich war allein. Ich raste.

Jetzt saß ich an einem Plastiktisch und wartete auf den Pannendienst und rechnete und rauchte. Draußen die Tankanlage, sonst weit und breit kein Licht, ich war im brandenburgischen Nirgendwo gelandet. Ich rechnete, die Zeit, die Kilometer, um die Zapfsäulen Neonlicht, ich sah mich selber in der Fensterscheibe, zerzaust, mit wirrem Blick. Ein Nachbild: der rosige Schimmer am Wagenhimmel über mir, vom Rücklicht des vorausfahrenden Kleintransporters, der in der Nacht verschwindet. Von hinten kommen neue Bahnen, weiß, über den matten Stoff heran, ein Lastwagen holt auf, den ich vor kurzem hinter mir gelassen habe. Er wird mich hier, inmitten einer Baustelle, nicht überholen können, er wird mich, Aufblendlicht, vor sich herschieben, es gibt keine

Ausweichmöglichkeit. Dann eine Ausfahrt, mit vierzig quälte ich mich auf das Raststättengelände, ehe der Motor meines Wagens erstarb. Ich war gerast, das Falscheste, was ich hatte tun können, wie ich später erfahren sollte, das heißt, ich hatte versucht zu rasen, denn der Wagen war, egal wie ich das Gaspedal durchdrückte, nur immer langsamer geworden, und schon auf der Höhe von Zossen war abzusehen, ich würde, sofern es überhaupt gelänge, für die zweihundert Kilometer von Berlin nach Dresden in dieser Sonntagnacht Ende November wenigstens fünf Stunden brauchen.

Während ich das Kunstblumengesteck in seinem Töpfchen genauer studierte, gingen mir immer dieselben Dinge durch den Kopf. Eine eigentümliche Krepparbeit stellte hier die Blüte dar, wer weiß von wem in Form gebracht, wer weiß an welchem Ort, eine in Asien erdachte Phantasieblume aus Papier, oder vielleicht genausogut die Darstellung einer natürlichen Blüte, die ich, in Blumennamen alles andere als bewandert, nur nicht zuordnen konnte. Was, wenn mein Auto einen größeren Schaden hat, der sich auf die Schnelle nicht beheben läßt: Der Pannendienst könnte mich in die nächstgelegene Ortschaft abschleppen, ohne daß ich zu sagen wüßte, ob das etwas nützt. Ich müßte übernachten, aber gibt es in dieser Gegend, wo kein Haus zu erkennen ist, denn überhaupt ein Hotel? Wie jedesmal, wenn ich mich Kunstblumen gegenübersehe, hob ich auch hier den leichten Dekotopf an die Nase, um sicherzugehen, daß Papierblumen tatsächlich nicht duften. Wie ein Insekt ließ ich mich immer wieder zuerst von der Farbe leiten. Was wird aus meinen Plänen für morgen, was, wenn mein Auto seine allerletzte Fahrt gemacht hat und es von dieser Raststätte für mich kein Fortkommen gibt. Ich hätte auf unbestimmte Zeit hier sitzenbleiben können, müssen, oder eine der anwesenden Personen fragen, ob sie mich mitnähme. Aber wohin?

Von jeher habe ich Farben nur schlecht beschreiben können, die richtige Bezeichnung schien mir Puppenhaut- oder doch Bluthochdruckrosa zu sein, oder Hibiskus, falls das eine Farbe ist, und außerdem war sie im Kunstlicht nicht so ganz leicht zu bestimmen. Ich war in Rüblingsheide, hatte mir jemand verraten, in der Nähe von Duben, doch dieser Name sagte mir genau betrachtet nichts. Tageslicht aber würde die Gestecke nie erreichen, in Räumlichkeiten wie dieser Bistrobar kämpft das Tageslicht vergeblich gegen die künstliche Beleuchtung an. Magenta. Altrosa möglicherweise. Die fünf Gestalten Mitte Zwanzig auf ihren Hockern um den Stehtisch, wo es zu den Toiletten ging, die einzigen Gäste außer mir, wollte ich bestimmt nicht fragen, es hätte auch keinen Zweck gehabt, ihr Wagen, sofern sie überhaupt vorhatten, sich heute nacht noch fortzubewegen, war vollbesetzt. Die Blumen, vielleicht Moosröschen oder Gerbera, wie mir allein aufgrund der Farbe in den Sinn kam, rochen natürlich doch, mich überkam ein leichtes Unwohlsein, und was hätte es genützt, die Angestellten hier anzusprechen, den Küchenchef, die Kassiererin und Reinigungskraft, den Mann am Zeitschriftenstand oder den Tankwart: Sie konnten ja nicht weg, sie hatten hier zu arbeiten. Und sonst war niemand da.

Irgendwo zwischen Berlin und Dresden gab es eine Stelle, an der man die uns bekannte Welt verläßt, sobald man den Fehler macht, nachts mit dem Auto anzuhalten. Kann sein, die Blüten hatten ihren ursprünglichen

Farbton verloren, so was geht schnell, kann sein, diese Urwälder aus Draht und Krepp auf jedem Tisch, in denen die Blüten eher hilflos plaziert wirkten, hatten ihre Zeit längst hinter sich, waren ausgeblichen. Die großen grünen, immer staubig wirkenden Blätter zitterten, und wie instinktiv nahm ich meine Hände von der Tischplatte – ich hatte das Gefühl, ich würde am ganzen Körper beben, und meinte, mein Zittern hätte sich auf die Schachtelhalme übertragen, als stünde ich mit ihnen in Kontakt.

Ich nahm ein Buch aus meiner Tasche, noch immer in dem festen Glauben, ich könnte mich selber davon überzeugen, mein Aufenthalt hier unterscheide sich in nichts von solchen Pausen, die man gewöhnlich während langer Fahrten macht, ich schlug den Band auf, betrachtete die Buchstaben, las aber nicht. Vor dem inneren Auge schwebte ein undeutlicher Eindruck von Mineralöl, das ich mir immer dunkel, schwarz und schwer denke. Das Bild einer opaken, kaum flüssig zu nennenden Masse kann sich, obwohl es falsch ist, vermutlich darum so hartnäckig in der Vorstellung halten, weil wir Mineralöl höchst selten, und dann bloß flüchtig, zu Gesicht bekommen: Wer mag, wenn er Schmieröl in den Motor nachgießt, schon so genau hinschauen, wer behält etwas vom übergelaufenen Dieselkraftstoff in Erinnerung, wenn der Transporter vollgetankt und wieder bei der Autovermietung abgeliefert worden ist. Jenes schillernde Geflecht in allen Regenbogenfarben aber, das wir als Kinder auf einer Pfütze bewundert und mit der Gummistiefelspitze oder einem Stock zerteilt haben, um es im nächsten Augenblick sich zu neuen Formen, Mustern verbinden zu sehen, würden wir als Erwachsener nicht mit dem profanen Brennstoff in Zusammenhang bringen, der unser Auto anzutreiben in der Lage ist. Dabei sind Diesel und Benzin ganz helle, klare Flüssigkeiten, mit einem leichten Stich ins Gelbe und fast Himbeerfarbene.

Aus den scheppernden Lautsprechern in der Deckenverkleidung kam jetzt Musik, ich kannte das Lied, ich hatte es vor vielleicht zwanzig Jahren das erste Mal gehört, *Red Red Wine*, ich hätte mitsingen können, meine Stimme wäre im Zusammenklang mit der so unaufdringlich dünnen des Sängers hier im Radio nicht weiter aufgefallen. Ich schaute in das Bild hinein, das die Fensterscheibe vor mir ausbreitete, der von Hydrokulturgrün gekrönte Raumteiler gleich hinter mir, das klobige, doch klapprige Gestell auf Rollen, in dem man die Tabletts mit dem benutzten Geschirr unterbringen sollte, schräg dahinter das sogenannte Frischecenter, eine Reihe um diese Zeit kaum mehr gefüllter Salatkübel unter einer Glasglocke, auf der das Stirnfett zahlloser müder Reisender einen feinen Schimmer hinterlassen hatte, und dann den linken Rand der Selbstbedienungsstrecke, die in den Kassenbereich mit seiner Ablagefläche für das Tablett und einem erhöhten Hocker überging. Ich lugte im Bild herum, die Herrengruppe am Bistrotisch unterhielt sich weiter, wurde sogar etwas lauter, wie um das Lied zu übertönen, der Küchenchef starrte ins Nichts, ich sah ihm an, er nahm die Musik überhaupt nicht wahr, seine Hand lag reglos auf der Glasabdeckung, nicht einmal der Zeigefinger klopfte mechanisch den Takt mit, die Heizspirale glühte leicht und tauchte das letzte Schnitzel in ein warmes Licht.

Die Kassiererin befand sich nicht an ihrem Platz, vielleicht wischte sie nun schon zum zweitenmal, seitdem ich angekommen war, die Damentoilette, vielleicht mußte sie zum Musikhören allein sein und zog sich immer dann aus der Gaststättenzone in den gekachelten Bereich zurück, wenn ihr ein Lied im Radio gefiel. Die Spiegelwand, das klare Weiß, die blitzenden Edelstahlarmaturen, und sie, mit einem Scheuerhader in der Hand, ganz still, während die Musik aus den verborgenen Boxen dringt, am Boden steht ein Kunststoffeimer und daneben, unbewegt, zwei helle Slipper. Dabei wollte ich die Kassiererin nicht stören.

Aber dem Herrentisch, schien mir, hätte eine Aufmunterung gutgetan, vor allem einer der beiden jungen Männer, die, wenn ich es richtig erkannte, Tschechisch sprachen und dem Geplauder der drei Deutschen vielleicht nicht folgen konnten, wirkte schon seit einer ganzen Weile ein wenig bedrückt, als sei er sich nicht ganz sicher, ob seine Freunde in ihrer Sprache nicht einen Plan berieten, wie sie die zwei anderen an ihrem Tisch bei einem Geschäft, vielleicht mit Gebrauchtwagen, die es noch in der Nacht über die Grenze zu schaffen galt, hintergehen oder auf lange Sicht sogar loswerden könnten. Seit zwei Runden nippte er nur noch ab und zu an seinem Bier und schaute in die Dekoblumen neben seinem Glas, wie ich. Er war der Fahrer, ohne Zweifel, und seine Sorgen waren völlig unbegründet, wie sich im nächsten Moment zeigte, als nämlich einer seiner Freunde, der lauteste, zur Imbißtheke hinüberrief und, wenn auch vielleicht in etwas grobem Ton, nach einer heißen Schokolade für den jungen Mann verlangte, dessen Blick sich nun in der Fensterscheibe kurz mit dem meinen traf. Ein freundschaftlicher Schlag auf seine Schulter, dazu ein Wort, das ich nicht verstand, und er wandte sich wieder seinem Tischnachbarn zu, der ihn mit einem zusätzlichen Nicken fast fürsorglich in die Runde zurückholte. Nein, der Fahrer hatte keinen Grund, an diesem späten Sonntagabend im Niemandsland den Kopf hängen zu lassen, die Freunde waren um sein Wohlbefinden bemüht, sie prosteten ihm zu, hoben die Gläser hoch in die Luft und tranken einen großen Schluck, und gleich wurde noch einmal nach dem Kakao gerufen.

Der Küchenchef aber hatte offenbar für derartige Freundschaftsbekundungen nicht viel übrig, er gab zurück, die Schokolade – wahrscheinlich ein mit heißem Wasser angerührtes und aufgeschäumtes Pulver – sei längst zubereitet, stehe bei der Kasse, doch müsse sich vom Herrentisch schon jemand bequemen, den Becher abzuholen. Kann sein, er hatte keine Freunde so wie diese und sehnte sich danach, selbst einmal einen Abend in einem angeregt plaudernden Kreis anstatt allein hinter seiner Theke mit warmgehaltenen Speisen zu verbringen, kann sein, er war an diesem Tag schon mit Beginn der Schicht erschöpft, die vielleicht gerade begonnen hatte und erst nach Sonnenaufgang enden würde, eine ewig lange Zeit, wenn man sie vor sich sieht, acht oder zehn Stunden an diesen Ort gebunden, während die Reisenden nach einer Stärkung erfrischt weiterziehen dürfen – jedenfalls war er nicht bereit, das geltende Gesetz der Selbstbedienung einmal weniger streng zu handhaben und einem seiner Gäste ein Heißgetränk am Platz zu servieren.

Gern wäre ich jetzt aufgesprungen und hätte den Becher mit Kakao an den Bistrotisch gebracht, zum einen, um den jungen Männern eine kleine Freude zu machen und so vielleicht mit ihnen ins Gespräch zu kommen, zum anderen, um den Koch zu beruhigen, der, wie es schien, nicht nur aufgrund irgendwelcher zurückliegenden Ereignisse verstimmt war, sondern Scherereien fürchtete, falls die kleine, an sich harmlose Gruppe vorhaben sollte, den Rest der Nacht hier biertrinkend zu verbringen, als male er sich eine Rauferei aus, oder als denke er bereits darüber nach, wie er am Morgen vier Männer sturzbetrunken, schläfrig und schwer in eine dunkle Kammer hinter der Küche schleppen solle, in der Putzmittel, Mehl und Streusalz gelagert werden.

Da tippte mir der Mann vom Pannendienst auf die Schulter. Für eine Sekunde war ich hin- und hergerissen, ich räumte meinen Kram zusammen, stellte noch rasch die halbleere Kaffeetasse in das Gestell und wollte dem Mechaniker im hellen Overall so schnell wie möglich nach draußen folgen, doch andererseits hielt mich etwas zurück, vielleicht, weil die einstündige Wartezeit, auf die ich mich, wie es am Telefon hieß, einzustellen hätte, noch nicht abgelaufen war, vielleicht, weil ich so überraschend nicht von diesem Ort Abschied nehmen konnte. Grußlos verließ ich, in der Hast, das Raststättengebäude. Ich glaube, keiner sah mir hinterher. Im Radio liefen wahrscheinlich längst wieder Kurznachrichten, Schlager und die immer gleichen Werbeblöcke, in denen wir unter anderem – merkwürdig um diese Tageszeit – zu einem unverbindlichen Besuch im Kamenzer Polsterhimmel eingeladen wurden. Der Mechaniker wartete an meinem Auto, neben dem Wagen mit tschechischem Kennzeichen der einzige auf dem Parkplatz. Kalt war es, keine Musik mehr, ich war zurück in der brandenburgischen Nacht.

Der junge Mann leuchtete in den Motorenraum hinein

und sprach, ich hörte ihm nicht richtig zu, ich atmete die Winterluft, er bog Drähte zurecht und besprühte die Kontakte, und noch ehe er mir versicherte, den restlichen Weg nach Hause werde ich so wohl schaffen, merkte ich, alle Last fiel von mir ab: Vergessen jener Krach, als würde mir jeden Moment der Motor um die Ohren fliegen, vergessen jene Baustellenstrecke ohne Standstreifen, in deren Bereich ich mich immer noch befand, vergessen sogar, daß mich der junge Mann hier am Zeitschriften- und Süßigkeitenstand, der später in einem Büro verschwunden und nicht wieder aufgetaucht war, zunächst nicht hatte telefonieren lassen wollen und auf den Münzfernsprecher im Eingang deutete, sich jedoch weigerte, mir einen Schein kleinzumachen, vergessen, daß schließlich eine Frauenstimme im Hörer nur immer wieder darauf hinwies, die gewählte Nummer sei von diesem Apparat nicht zu erreichen, vergessen, daß ich in meiner Verzweiflung zu den Zapfsäulen hinauslief, um jemand anderen zu finden, der mir vielleicht sein Telefon leihen könnte, vergessen endlich auch, wie peinlich es mir war, als der Tankwart, offenbar der Pächter dieser Anlage, mich wieder mit hineinnahm und den Aushilfskassierer oder Lehrling anwies, mir über die Hausanlage eine Verbindung zum Pannendienst zu schalten. Und hatte ich mir nicht lange gewünscht, an einer dieser Autobahnraststätten einmal mehr Zeit zu verbringen, als es braucht, um die Tankrechnung zu bezahlen oder ein Getränk zu kaufen, hatte ich es mir nicht immer schon aufregend vorgestellt, in dieser Situation zu sein, die es erlaubt, in Ruhe den Geruch der Putzmittel in mich einzusaugen, dem Nachtradio zu lauschen und die Kunstblumen für eine Weile genau in Augenschein zu nehmen?

Ich steige ein, ich starte, dann bin ich wieder auf der Autobahn. Ich habe mir gemerkt, ich soll nicht schneller als achtzig Stundenkilometer fahren, jetzt, in der ersten Winternacht, so reime ich mir die technischen Erklärungen zusammen, wird der Motor bei höherer Geschwindigkeit vom Fahrtwind zu kühl, als daß er noch rund laufen könnte. Falls das Klappern, das Stocken sich erneut einstellt, soll ich auf einem Parkplatz eine kurze Pause machen, damit der Motor sich wieder erwärmen kann. Das Radio bleibt aus, ich rauche, kurz vor dem Abzweig nach Dresden überholt mich der Mann vom Pannendienst und blinkt freundlich in die Nacht, ehe er Richtung Cottbus weiterfährt.

So gleite ich dahin, bis auf der linken Seite eine hell erleuchtete Industrieanlage auftaucht, Schwarzheide. Rohöl, das schwere dunkle Rohöl gibt es natürlich doch, wird mir jetzt klar, wie habe ich vergessen können, daß sich die feinen, raffinierten Formen vom Schweröl deutlich unterscheiden. Da ist das Stottern auch zurück, ein Anflug nur, aber ich will es nicht darauf ankommen lassen und biege bei der nächsten Möglichkeit in einen Autobahnparkplatz ein. Ich warte, aber ohne Ungeduld, eine ungeahnte Gelassenheit hat sich meiner bemächtigt, ich fühle mich wie ausgewechselt. Nach Hause ist es nicht mehr weit. Der Motor braucht nur eine Pause. Ich steige aus, kein einziger Wagen kommt mehr vorbei um diese Zeit, ich bin allein, Schwarzheide hinter mir, das sorbische Schornegosda, strahlt in der Nacht für niemanden als mich. Zur anderen Seite, über dem offenen Feld, der Sternenhimmel.

Nach und nach werden die Punkte blasser, manche verschwinden schon, im Osten sehe ich den tiefblauen

Ton des Himmels bald von einem rötlichen Schimmer durchzogen. Nicht mehr lange, und die Sonne wird aufgehen, der neue Tag ist da. Ich habe keine Minute geschlafen, habe mich nicht gewaschen, ich drücke meine Zigarette auf dem Asphalt aus, strecke mich und springe mit einem Satz über die Leitplanke, die den Parkplatz vom Acker trennt. Frisch und gestärkt gehe ich in den Morgen.

*

Die Hölle ist der Himmel der anderen. In der Hölle – in meiner Hölle – laufen den ganzen Tag Lieder, in denen die Farbe Rot genannt wird: *Red Red Wine* in der Version von UB 40 etwa, oder *Lady in Red* von Chris de Burgh. Im Schlafsaal, auf den endlos langen Fluren, im Aufzug, im Wellneßbereich, selbst auf der sogenannten Ruheterrasse: Überall ist die Luft erfüllt von diesen zwei Stücken. Endet das eine, beginnt das andere, wieder und wieder. »Musik? Ist mir noch gar nicht aufgefallen«, wird man mir sagen, oder: »Was hast du denn dagegen? Ist doch schön.« – In meiner Hölle wird konsequent geduzt. *Little Red Corvette* von Prince gehört nicht zum Repertoire, für Zweideutigkeiten hat man in meiner Hölle nichts übrig.

*

Auf meinen Fahrten zwischen Dresden und Berlin habe ich seit 1996 unzählige Male aus dem Augenwinkel ein Hotel wahrgenommen, einen roten, von Kiefern- und Birkenwald umgebenen Kasten direkt an der Autobahn, unweit der Ausfahrt Schwarzheide. Seltener auf dem Hinweg am Vormittag, jedesmal aber auf Rückfahrten in der Nacht. Wie häufig in den Jahren der Name des Hotels geändert wurde, weiß ich nicht, seine Ausstrahlung jedoch ist immer dieselbe geblieben. Ein Ort für Phantasien. Hier könnte man einen Spionagefilm drehen. Oder einen bestialischen Kriminalfilm. Und bräuchte dazu nicht einmal eine Leiche.

*

Um kurz nach sieben war ich hellwach, vor dem Fenster herrschte mattes Licht, dann erschien die Sonne über dem Horizont, über dem Park, eine ovale, orangefarbene Sonne. Sie verschwand in einer Wolken-, Hochnebel-, Smogschicht, tauchte wieder auf, fahlgelb, und jetzt blendet sie, während ich – es ist viertel nach acht – hier oben im sechzehnten Stock im Frühstückssaal des Hotel »Express« in Kiew sitze.

Vom Büfett her riecht es säuerlich. Der Fernseher läuft, und jetzt werde ich schon wieder müde, die Fernsehstimmen führen dazu, daß sich der Geist selber abschottet. Ein Nachrichtensender, erst Werbung, dann Fußball, dann eine Rede von Wladimir Putin, mehr begreife ich nicht. Draußen über der Stadt liegt Dunst, er bildet sich mit dem stärker werdenden Sonnenlicht. Aufwachen – aber *wohin* aufwachen? In diese Welt des Frühstückssaals, in die Welt meines entstehenden Romans, in die mich umgebende Stadtwelt Kiew?

Um fünf nach halb neun ist es, als würde ein Schalter umgelegt. Nachdem ich eben noch gedacht hatte: »dieser scheußliche Nescafé«, freue ich mich nun, als mir ein junger Kellner Kaffee serviert und einen Aschenbecher hinstellt. Im selben Moment geht es mir auch nicht mehr auf die Nerven, daß sämtliche männlichen Frühstücksgäste in Hausschuhen oder Badeschlappen erscheinen.

Im Fernsehen werden jetzt Bilder von der ›Revolution in Orange‹ gezeigt, doch kann ich nicht beurteilen, ob es sich um Archivaufnahmen handelt oder um Feierlichkeiten in Erinnerung an die heute, im November 2007, schon wieder lange zurückliegende, ›historische Revolution in Orange‹ vor kaum drei Jahren.

Es gibt nur männliche Frühstücksgäste. Sie schlurfen in ihren Adiletten zum Büfett, schaufeln sich Vergorenes, Eingemachtes, Sauergemüse, dazu Rohkost und Fleisch auf den Teller, wobei sie äußerstes Geschick an den Tag legen, den Haufen so hoch wie möglich aufzuschichten und zu ihren Tisch zurückzutragen, ohne daß ein einziger Stift des geraspelten Weißkohls auf den Teppichboden fiele.

Alle haben sie sich mit dem gleichen Duschgel den säuerlichen Geruch vom durchtrainierten Körper gewaschen. In ihren Trainingsanzügen wirken sie, als sei noch nicht entschieden, ob sie nachher einen Businеßanzug mit Hemd und Schlips oder nicht doch einen Tarnanzug anlegen werden, ehe sie das Hotel verlassen.

Im Fernsehen läuft inzwischen eine Kadettenkomödie, mit Untertiteln – eine russische Serie, aus Gründen nationaler Souveränität ukrainisch untertitelt, oder umgekehrt? Zehn nach neun. Ich habe noch nichts gegessen. Ich rauche. Vier Aquarien zähle ich hier oben, zwei weitere gibt es unten im Foyer.

Die Adilettenmänner gehen ihren Morgengeschäften – Vergorenes schaufeln und Militärklamotten schauen –

still und routiniert nach. Keiner beachtet den anderen. Ich merke, bald habe ich keine Zigaretten mehr, und werde nervös. Ich kenne hier niemanden, der mir eine Zigarette geben könnte.

Jeden Morgen wird die Welt neu eingerichtet – wie heißt die Welt, in der du morgens ankommst? Ein Frühstückssaal in Kiew. Nüchtern betrachtet entspricht er ziemlich genau meiner Vorstellung von der Hölle.

Nicht heiß, nicht eiskalt, gerade so warm, daß sich alle in deutschen Badeschlappen bewegen möchten. Alle außer mir. An die säuerlichen Speisen, deren Geruch jeden Morgen das Frühstücksbüfett umweht, haben sich meine Mitinsassen nicht nur gewöhnt – sie haben sie, in Erwartung des Erwartbaren, bestellt. So wie sie sich gewünscht haben, in jeder Dusche möge das gleiche Duschgel vorrätig sein. Im Fernsehen geht die Revolution jeden Morgen weiter, um sich irgendwann mit Bildern aus alten Fernsehserien zu mischen. Auch das Angebot, man dürfe sich für den Rest des Tages als Guerillakämpfer oder als gerissener Geschäftsmann entwerfen, entspricht ganz den Wünschen der Bewohner dieser Hölle. Und vor dem Fenster schiebt eine unsichtbare Hand die Sonne in den Himmel, eine Sonne, der man ansieht, ansehen soll, daß sie, die Licht gewordene Sentimentalität, nicht aus dem Weltall, sondern aus einer Phototapete stammt.

*

Verleser, Selbstzitat: »Die Adilettenmänner gehen ihren Mordgeschäften nach.«

*

Das wüste Land. Wir sind zufällig in den kleinen Pfalz-Ort geraten, auf dem Marktplatz ein Karussell, dazu zwei Budengassen – keine große Angelegenheit, aber hier, wo die nächste Stadt weit ist, offenbar das Ereignis des Jahres. Die Menschen kommen aus dem Umland zusammen, Bratwürste und Pilzpfanne finden trotz der herrschenden Augusthitze einen Absatz, als hätte man so etwas noch nie gegessen. Nach zehn Minuten haben wir alles gesehen und wollen weiterfahren, als wir beim Blick in eine Seitengasse die Autoscooter-Anlage entdekken. Obwohl wir längst aus dem Alter heraus sind, wo man schon Wochen im voraus den Selbstfahrer-Wägelchen entgegenfiebert, zieht uns die große Leuchtschrift DISCO REGGAE SOUL TECHNO NEWS magisch an.

Die laute Musik, der Ansager mit seinem künstlichen Tonfall, die provozierten Karambolagen auf der Fahrfläche, das Geschrei und Gejohle der Dorfjugend – für jemanden, der auf dem Land aufgewachsen ist, hat der Autoscooter immer die große weite Welt verkörpert. An der Kasse hingen die Zettel mit der Aufschrift »Junge Männer zum Mitreisen gesucht«, und den Jungs wurde bewußt, daß sie trotz ihres angeberischen Gehabes dafür nicht alt genug waren, und die Mädchen starrten den vielleicht Zwanzigjährigen an, der die Wagen an den Rand schob, wenn die Musik zu Ende war. Die Jungs kratzten ihr Taschengeld zusammen, um noch ein paar Plastikchips kaufen zu können, während die Mädchen öfters kostenlos fahren durften: Der »junge mitreisende Mann« stellte sich lässig hinten auf den Wagen, in dem die Dorfschönheit saß, und brachte das Gefährt mit seinem Generalschlüssel, an dem ein Fuchsschwanz baumelte, in Gang.

V

In meinen frühen Gedichten gab es nichts zu sehen. Darum vielleicht kommt mir, wenn ich versuche, mich an sie zu erinnern, als umkreiste ich einen blinden Fleck, in dessen Zentrum ich vorstoßen will, immer wieder ein Wort, ein Name in den Sinn: Brixton. Und damit auch ein Ort, das Viertel im Süden Londons, und ein bestimmtes Wetter, Licht, Temperatur, Gerüche, Blicke. Alles, was mir in der Erinnerung an die Gedichte fehlt. Damals war ich ein entschiedener Feind der Bilder, Metaphern widerstrebten mir, Sichtbares wollte ich nur in schemenhafter Form in den Gedichten finden, es gab keine Szenerien, konkrete Räume oder Orte wurden nicht genannt, kein Name, der, sei er auch noch so fremd, stets auf etwas weist, das sich mit dem Auge erfassen läßt.

Ich blättere hin und her, beginne mich zu ärgern, bin nahe daran, den Versuch aufzugeben, verliere mich auf falschen Fährten. Bald werden sich die ersten abgegriffenen Blätter aus der Spiralbindung lösen, und ich sehe ein, mein *London A-Z* hilft mir nur, wenn ich in London bin. Ich werde entweder am Euston Square oder am Oxford Circus in einen Zug der Victoria Line gestiegen sein, beide Stationsangaben habe ich gleichermaßen klar im Ohr. Ob ich einem Augenblicksimpuls folgte, oder ob meine U-Bahnfahrt in den Londoner Süden geplant war, lange ehe unsere Gruppe von einem Dutzend Oberstufenschülern die Fähre nach Dover erreicht hatte, weiß ich heute nicht mehr. Was ich weiß: An jenem Oktobertag 1983 war ich entschlossen, den Zug nicht vor der

Endstation zu verlassen. Und auch an eine entscheidende, später häufig gemachte Erfahrung erinnere ich mich genau: Du bist der einzige Weiße hier.

Als wir wenige Tage zuvor mit dem Bus nach London hineingefahren waren, hatte der ganze Englischkurs gestaunt, als in der Ferne das Kraftwerk vom Pink Floyd-Cover auftauchte. Pink Floyd hörte ich immer bloß am Rande mit. Jetzt war ich auf dem Weg nach Brixton. Den Ort kannte ich nur dem Namen nach, in geschriebener, deutlicher noch in gesungener Form. Dort wollte ich hin. Mit einem Ziel vor Augen, einer Adresse: 165 Railton Road. Ich hatte vor, das Verlagsbüro der Race Today Publications zu suchen.

Für die Dinge, die mich brennend interessieren, begeistern sich außer mir nur Menschen, denen ich nie persönlich begegnet bin – dies war mir immer eine Selbstverständlichkeit, kein Unglück. Statt dessen kenne ich die Euphorie, Dinge für mich zu entdecken, und auf Entdeckungsreisen begibt man sich selten in einer größeren Gruppe. Mich zog während der Londonwoche im Laden von Chris Cutlers Recommended Records das Ausklappcover einer Single magisch an, Robert Wyatts *Shipbuilding* mit Details aus einem großen Werftgemälde. Und *Didn't Have A Very Good Time* von David Thomas, dessen Titel mir im Rückblick meine damalige Verfassung ebenso vor Augen führt wie *Not Happy*, die Single von Pere Ubu, mit der ich an einem anderen Tag das Geschäft des Rough Trade-Labels verließ.

In Brixton stand ich eine Weile unschlüssig, eingeschüchtert nahe der U-Bahnstation herum. Keine Chance, sich unauffällig unter die Passanten zu mischen. Grabbeltische auf dem Trottoir, ich erinnere mich an

Schuhe, an Obst- und Gemüsekisten, lief ein Stück, sah einen Buchladen an der Ecke, Rettung für das Bücherkind. Ich fand drei Bände von Linton Kwesi Johnson, dem Mann, dessen Verlagsbüro ich hier im Viertel suchen wollte. Vielleicht habe ich die Adresse doch erst einem der schmalen Bände entnommen. Zwei Gedichtsammlungen und ein Theaterstück: die späten Ausläufer der Do It Yourself-Kultur, weitgehend von Hand gemachte Hefte im DIN A 5-Format, geklammert, der Umfang zwischen dreißig und vierzig Seiten, mit einer Tuschezeichnung auf dem Umschlag. Kurz vor der Londonfahrt, im August oder September, hatte ich meinen ersten eigenen Gedichtband gemacht. Und das Erscheinungsbild der Bücher von Johnson mag mich im nachhinein bestätigt haben, denn so wie sie hatte auch meine Gedichtsammlung ausgesehen.

Ich bog in eine lange, leere Straße ein. Am Anfang der Railton Road gab es noch ein paar Läden, Pubs, doch je weiter ich lief, desto mehr Eingänge und Fenster waren zugenagelt, sei es, daß die Häuser leerstanden, sei es, daß man sich dort während der Straßenkämpfe zwei Jahre zuvor verbarrikadiert hatte. In der Nummer 165 stieg ich die Treppe hinauf, fand eine Tür mit der Aufschrift »Race Today Publications« und klopfte. Nach einer Weile wurden von innen mehrere Sicherheitsschlösser entriegelt, wie ich sie nur aus *Nepper, Schlepper, Bauernfänger* kannte. Die Tür öffnete sich einen Spalt.

Im Hausflur steht ein junger Weißer, der ist nicht von hier. Mit dem zweiten Blick wird klar, er kommt nicht von der Polizei. Sein Englisch ist nicht gut. Er kommt nicht mal aus England. Ich weiß nicht, habe ich mich vorgestellt, habe ich von meinen Touren durch die Stadt erzählt, den Büchern in meiner Tasche – ich hatte mir die Situation überhaupt nur bis zu meiner Frage ausgemalt, ob Linton Kwesi Johnson da sei. Nein. Schon war die Tür wieder verrammelt. Ich trat wieder auf die Straße hinaus und ging, durch die authentischen Bürgerkriegskulissen, zur U-Bahn zurück. Enttäuscht war ich nicht.

Für die Dinge, die mich brennend interessieren, begeistern sich außer mir nur Menschen, denen ich nicht persönlich begegnet bin. – Wenn ich mir nun aber Adressen heraussuchte und durch Londoner Viertel streifte, in die sich kein Tourist verirrte, wenn ich meinte, ich könne Chris Cutler in seinem Plattenladen antreffen, Linton Kwesi Johnson in seinem Verlag, dann muß mein erster Gedichtband eine Schwelle gewesen sein: Ich trat aus etwas heraus, aus meiner Verfassung vielleicht, und damit auch aus den im Band gesammelten Gedichten. Sie lagen hinter mir, und wenn ich mich heute an sie erinnere, finde ich nichts in ihnen, keinen Widerhall der äußeren Ereignisse, der Dinge, die mich brennend interessierten. Besäße ich die Platten jener Zeit nicht mehr, die Bücher aus Brixton – meine Gedichte gäben mir keinen Hinweis darauf, was mich 1983 bewegt hat, was ich wahrgenommen habe. Ohne den Fremdtext, die Musik wäre jene Zeit gelöscht.

Ich stehe ihnen schulterzuckend gegenüber. Was mich an der Sache peinlich berührte, kurz nachdem ich meinen Band aus der Druckerei geholt hatte: Unser Englischlehrer meinte einmal vergnügt, Beschwerdebriefe von Eltern, die nicht wüßten, daß man nach einem Komma ein Spatium einschaltet, würden erst gar nicht beantwortet. Das mit dem Leerzeichen war mir nie aufgefallen. So hatte sich für mich mein erster Gedichtband mit einem Kommakommentar schon vor der Londonreise erledigt.

Die Frau an der Tür – vielleicht, fällt mir jetzt ein, die erste Lektorin überhaupt, die ich gesehen habe – wird mich für bescheuert gehalten haben. Nein, sie hat die Störung gleich wieder vergessen. Linton Kwesi Johnson, jemand, der Bücher ebenso wie Platten herausbrachte und sich selbstverständlich als Dichter sah, nicht etwa als Sänger, wenn er mit Musikern auf der Bühne stand – in ihm überschnitten sich zwei meiner Welten. Und Chris Cutler, Schlagzeuger, Entdecker obskurer Musik, Labeleigner, der seine Vertriebskataloge und die Texte auf den Plattenhüllen der Art Bears – Cutler, Dagmar Krause, Fred Frith – mit der Hand schrieb, strahlte für mich aufs lässigste die Gewißheit aus, man könne sowohl Musik hören als auch Bücher lesen. Beide standen für eine Haltung, die mir imponierte: Sie widmeten sich ihrer Sache ohne Rücksicht darauf, ob die sogenannte breite Masse folgt, und das, lustigerweise, vor einem sozialistischen Hintergrund. Ein Minderheitenprogramm ohne jeden elitären Anstrich, so sehe ich das heute, so sehe ich bis heute meine eigene Arbeit.

Zehn Jahre später, im Sommer 1993, war ich wieder in Brixton, die Atmosphäre im Viertel hatte sich verändert, ein warmer Augustabend, auf neun Uhr war ich im Plattenladen Supertone mit Jah Shaka zum Interview verabredet. Zu Supertone ging ich inzwischen regelmäßig, wenn ich in London war. Anderthalb Stunden lang sprach Jah Shaka mit sicherer, sonorer Stimme in mein Bandgerät, er sprach von Solidarität und Solidarność, von der Bedeutung, die Reggae für die Umwälzungen in

Polen gehabt habe, sprach ohne jede Sentimentalität. Nicht einmal ein Anflug von Melancholie, wie sie einem den Hals zuschnürt, wenn man heute in Gdańsk vor den Werfttoren steht. Am Ende drückte er mir einen Stapel Singles in die Hand, die Labels unbeschriftet, nur mit dem Aufdruck: Jah Shaka Music.

Meine Singles von der Oktoberreise nach London höre ich noch heute. Das Werk von Robert Wyatt entdecke ich erst in letzter Zeit langsam für mich. Als sei damals mit der Musik ein Grundstock gelegt worden, als hätte ich mich in einer entscheidenden Phase befunden. Was die Gedichte aus der Frühzeit angeht, fiele mir eine solche Charakterisierung nicht ein. Ich verspüre auch nicht den Impuls, sie wieder zu lesen. Schließlich gibt es in ihnen nichts zu sehen.

Im März 1986 begann ich mit der Arbeit an *Das Menschenfleisch*, es sollte mein viertes ›erstes‹ Buch werden. Ein Feind der Bilder war ich da schon lange nicht mehr, und trotzdem dauerte es noch eine Weile, bis ich Namen, konkrete Räume, Orte, Blicke in meinen Texten erscheinen ließ. Mit siebzehn hatte ich Londonbilder aufgesogen, habe sie immer im Kopf behalten – in meine Gedichte aber fanden sie damals nicht. Als hätte mein Gehirn sauber getrennt zwischen Wahrnehmen und Schreiben. Das jähe Ende dieser Trennung ist wieder an einen Ort gebunden: an Wien. In Wien, wo ich mich ab Mitte der achtziger Jahre immer häufiger und länger aufhielt, hatte ich einen konkreten wie einen magischen Ort vor Augen. Ich entdeckte das Werk von Friederike Mayröcker, ich streifte durch die Viertel Wiens, und plötzlich hatte jeder Schriftzug, dem ich im Stadtbild begegnete, hatte jedes am Würstelstand aufgeschnappte Wort Platz im Gedicht.

1989 machte ich – DIN A 5, geklammert – *Kleine Zahnpasta*, mein zweites ›erstes‹ Buch, um bei Lesungen etwas in der Hand zu halten, während ich ungeduldig auf das Erscheinen von *Walkmännin*, des dritten, wartete. Bis heute üben solche Hefte ihren Reiz auf mich aus, diese, wie wir sie Ende der achtziger Jahre nannten, rasch copyzierten Angelegenheiten. Im Winter 1996, kurz nach den Anschlägen in den Docklands, fand ich mich eines Abends mit Künstlern in einem Pub auf der Railton Road wieder. 1983 lag da sehr weit zurück.

Für mich war immer selbstverständlich: Die Dinge, die mich brennend interessieren, interessieren sonst nur Menschen, denen ich persönlich nicht begegnet bin – vielleicht kommt hier früh der unbekannte Leser ins Spiel. Keine Enttäuschung, keine Verzweiflung, eher die Ausbildung einer Perspektive: Da draußen gibt es Menschen, die wie ich begeistert sind von einem Buch, einer Platte, und zugleich lebt jeder in seiner eigenen, mitunter dunklen Welt. Es geht nicht um gemeinsame Erinnerungen, die Zusammengehörigkeitsgefühl vermitteln. Eher um Erinnerungen an Erlebnisse, die jeder allein gehabt hat, vielleicht allein gehabt haben muß. Literatur: ein Raum, den ich ausschließlich für mich habe und mit anderen teile. Wenn dann Thomas Kling im September 2004 zur Begrüßung ruft: »Don Drummond rules OK!« ... Oder Ernst Jandl mir im Sommer 1999 in einem Wiener Gasthausgarten eine CD über den Tisch reicht: »Ich dachte, dies könnte dich interessieren«, und es ist eine Platte von Fred Frith ...

*

Noch einmal bitte ich den Kustos der Ornithologischen Sammlung, uns den Inhalt jener Schubfächer zu zeigen, die er vor zwei Jahren anläßlich der Museumsnacht vorbereitet hatte, um den von Ausstellungsort zu Ausstellungsort ziehenden Laien einen ersten Einblick in die Arbeit des Vogelkundlers zu geben. Kein leichtes Unterfangen, denn der Eindruck, mit dem die Besucher die sonst ausschließlich Forschern zugängliche Sammlung verlassen würden, sollte zum einen ausreichend plastisch sein, damit sich die vermittelten Erkenntnisse nicht im diffusen Bild verlören, das von derartigen Abenden rasch wechselnder Erlebnisse bleibt, zum anderen galt es, keinerlei Kompromisse auf Kosten der Präzision und Differenzierung einzugehen, was das Vorgehen eines Wissenschaftlers – etwa im Unterschied zum Hobbyornithologen – betrifft. Ich erinnere mich, es war ein von heftigen Regengüssen bestimmter Sommerabend, als wir uns spät auf den Weg an den nördlichen Rand von Dresden machten, wo die Staatliche Sammlung für Zoologie seit einiger Zeit in einem Neubau untergebracht ist. Wir liefen aufgeregt durch die Gänge, blieben, um möglichst viel aufzunehmen, jeweils nur kurz bei den Tischen mit Präparaten stehen, anhand deren die Kustoden ihre Fachbereiche illustrierten, um schließlich in der Nestersammlung wie gebannt einer ruhigen, eindringlichen Stimme zu lauschen, die zwischen Schaukästen und Schubladenschränken ornithologische Fachfragen mit einer Sorgfalt und Offenheit erörterte, als handele es sich um die selbstverständlichsten Wunder dieser Welt.

Am Tag darauf, vielleicht noch in derselben Nacht, machte ich mir Notizen, die geradewegs in Verse mündeten, drei Strophen, bei denen schon während des Schreibens feststand, sie würden Teil eines längeren Gedichts mit dem Titel *Erdkunde* werden, an dem ich in jenen Wochen arbeitete:

Einmal habe ich Bälge
gesehen, aufgereiht in
ihrer Kiste, Stieglitze,
Varietäten von überall aus

dem Osten. Manche sind rund
hundert Jahre alt, keinerlei
Farbverluste, der Kopf,
der Schwanz, die Flügel, und

innen ist Watte. Erst seit
kurzem bewahrt man auch
ihre Knochen. Ich sah,
sie liegen gut in der Hand.

Jetzt bin ich also zurück. Über die Zeit von zwei Jahren ist der erste Eindruck, den die Stieglitzbälge bei mir hinterlassen hatten, nicht etwa nach und nach verblaßt, um sich irgendwann zu verflüchtigen, sondern hat mit zunehmender Entfernung vom Ereignis immer stärkere Konturen gewonnen. Seit jenem Abend im Sommer 2001 bin ich, ohne es zunächst zu merken, auf einer Spur. Ich beobachte die Vögel im Garten aufmerksamer, ich ziehe auch Bestimmungsbücher zu Rate und studiere mit Begeisterung Zeitungsartikel über Forschungsergebnisse in der Ornithologie – aber ich kann nur schwerlich glauben, daß dieses für mich völlig neue Interesse allein vom Gegenstand, eben von jenen flugfähigen Wirbeltieren, die wir Vögel nennen, geweckt worden sein soll. Um mich derart zu fesseln, genügt ein bloßer Gegenstand nicht, es muß noch etwas anderes hinzukommen. In diesem Fall, dem Auslöser meiner Bewegung auf die Vogelkunde hin, ist es ganz sicher die Beobachtung des Umgangs mit dem Gegenstand gewesen: »Ich sah, sie liegen gut in der Hand.«

Der Kustos, Dr. Siegfried Eck, hat, als er die Stücke seiner Sammlung vor uns ausbreitete, schon bei der ersten Begegnung darauf hingewiesen, wie wichtig die Haptik des einzelnen Vogelbalges für die Arbeit des Forschers sei, nun wiederholt und demonstriert er es, nimmt eine 1810 gesammelte Krähe in die Hand, betastet sie vorsichtig, indem er das Federkleid mit den Fingern umfängt, läßt den Unterarm leicht in der Luft federn, als gelte es, das Gewicht des Balges abzuschätzen, und bemerkt: Das Exemplar stamme von Vater Brehm, er habe es etikettiert und präpariert. Christian Ludwig Brehm, diese besondere Größe der Ornithologie und Verfasser einer Schrift über *Die Kunst, Vögel als Bälge zu bereiten*, habe allerdings selbst nicht so gut gebalgt, der Vogel sei offenbar mit Werg gefüllt, darum zu hart und auch zu schwer. Ein kleiner Einwand, denn immerhin ist der Balg in tadellosem Zustand – Vater Brehm hat mit Arsen vergiftet.

Als ich spürte, mit jenen drei Strophen, die aus dem Eindruck eines Besuchs in der Ornithologischen Sammlung hervorgegangen waren, hatte sich das Bild, der Anblick nicht erschöpft, sondern mir war vielmehr eine neue Welt eröffnet worden, suchte ich den Kontakt zu dieser Einrichtung, die wie gesagt nur Forschern offensteht, und bat den Kustos um eine Führung. Er fragte mich, worum es gehe, ich zögerte zunächst, ihm gegenüber anzudeuten, es könne sich um den Beginn der Recherche für eine größere literarische Arbeit handeln, ihn aber überzeugte bloße Neugier als Begründung nicht. Schriftsteller sei ich, und mit mir wollten zwei bildende Künstler in die Sammlung kommen – das ließ er gelten. Im nachhinein erkläre ich mir seine Offenheit gegenüber uns Laien damit, daß er für jemanden, der bloß etwas beglotzen möchte, nichts übrig hat, im Künstler aber selbstverständlich einen Menschen sieht, der etwas herausfinden will, indem er die Gegenstände mit aufmerksamer Geduld betrachtet. Kein Fachbesucher also, hingegen doch jemand, dessen Umgang mit dem Gegenstand der Herangehensweise eines Morphologen ähnelt.

Manchmal, meint Doktor Eck, sitze er wochenlang vor einer Anzahl auf seinem Arbeitstisch ausgebreiteter Bälge, um sie zu sortieren. Vierzig bis fünfzig ausgestopfte Individuen, die man bislang als zur selben Art gehörig sehe – eine Auffassung, an der er zweifle, ohne seinen Zweifel untermauern, geschweige denn den Gegenbeweis erbringen zu können. Es sei zunächst eine Vermutung, vielleicht nur eine Ahnung, es handele sich um mindestens zwei wenn auch natürlich sehr nah verwandte Arten. Stimmprofile oder Genanalysen gebe es in diesem Fall nicht, er bilde also immer neue Gruppen, lege die Vögel nach unscheinbarsten Merkmalen geordnet vor sich aus, schiebe den einen Balg zögerlich zwischen einer und einer anderen Reihe hin und her, gerate aufgrund dieser Zögerlichkeit zu der Erkenntnis, daß die bisherige Ordnung nicht stimmen könne, beginne nach anderen Kriterien noch einmal von vorn, lerne über dieser konzentrierten Auseinandersetzung jeden einzelnen Balg genauestens kennen, präge sich Schnabel und Federkleid jedes Individuums ein, atme von morgens bis abends den spezifischen Geruch dieser Vögel, ohne jedoch zu einem befriedigenden Ergebnis zu gelangen. Irgendwann dann passiere es, gehe alles ganz schnell, nach Wochen des Zweifelns und Wartens und Studierens: Zuletzt sei es ihm auf diese Weise gelungen, anhand der äußeren Erscheinung von bestimmten Bälgen nachzuweisen, daß es sich bei ihnen nicht wie angenommen um eine, sondern um drei verschiedene Arten handelt.

Er könne sich vorstellen, sagt er, daß es bei der künstlerischen Arbeit mitunter ganz ähnlich zugehe. Ein plötzliches Erkennen: So muß es sein, so stehen die Elemente in einem Verhältnis zueinander. Und gleich darauf die Frage: Warum habe ich das nicht sofort gesehen? Ich antworte im Kopf: Weil das Sortieren, das oft quälende Warten und die dennoch fortwährende, genaue Beobachtung ein notwendiger Teil der Arbeit sind. Indem man einen Umgang mit dem jeweiligen Gegenstand einübt, seien es nun Vogelbälge, Farben oder Sprache.

So erlebe ich, während der Kustos das Schubfach mit Stieglitzbälgen aus dem Schrank zieht und auf dem Tisch abstellt, eine eigentümliche Situation: Ein Ornithologe, über dessen Arbeit ich ohne sein Wissen ein kurzes Gedicht geschrieben habe, erklärt mir anhand seiner Arbeit, wie das Schreiben vonstatten gehen könne, oder, genauer: Indem er vorsichtig mögliche Analogien zwischen künstlerischer und ornithologischer Arbeit formuliert, versucht er, uns das Vorgehen eines Vogelkundlers zu veranschaulichen, der sich auf die Erkundung der äußeren Gestalt von Vögeln spezialisiert hat.

Die Analogien erscheinen mir so einleuchtend, die

Darstellung der Arbeitsweise wirkt auf mich so vertraut, daß ich es mir erlaube, hier von zwei Besuchen in der Ornithologischen Sammlung zu berichten, während ich über das Schreiben von Gedichten nachdenke. In einem fort könnte ich nicken, während ich Doktor Eck zuhöre, und seine Bemerkungen auf Gedichte übertragen: Zum Beispiel, was Beschreibungsmuster der Evolution angeht, die Frage nach der Anpassung. Da sei das alte Bilderbuchdenken verbreitet: Warum sind die Beine eines Huhns gerade so lang, wie sie sind? Damit sie bis zum Boden reichen. So habe man zwar eine schöne Erklärung, doch diese Erklärung sei der bare Unsinn. Das klingt, kommt mir in den Sinn, verdächtig nach einem gängigen Verfahren im Deutschunterricht.

Ihn interessierten, sagt er, Nachbarschaften, es gehe ihm zuerst darum, Unterschiede zu erkennen und zu beschreiben. Genau das sind Gedichte, denke ich, nicht Postulate irgendwelcher Weisheiten, die sich schon auf den ersten Blick als dummes Zeug erweisen, sondern Erkundungen von Nachbarschaften, nicht diffuser Ausdruck diffuser innerer Befindlichkeit, sondern Wörter, die mit größtmöglicher Klarheit in ein Verhältnis zueinander gesetzt werden. Hier wie dort geht es um Verwandtschaft, nicht um Verbrüderung. Auch daran läßt sich sehen, daß Gedichte und zum Beispiel gegenwärtige Erscheinungen des New Age unvereinbar sind. Wer unter Lebenshilfe Selbstbestätigung versteht, sollte die Finger von Gedichten lassen. Wem beim Gedanken an Urschrei, Sphärenklänge, Rezitationen mit Gonguntermalung und das innere Kind schaudert, der mag Vogelkundler werden oder eben Gedichte lesen. Gedichte sind Forschung – auf einem anderen Gebiet als der Naturwissenschaft, mit anderen Mitteln, einem anderen Gegenstand natürlich, aber in der Bewegung ähnlich. Wobei es eine markante Abweichung gibt: In Gedichten läßt sich eine Forschungsbewegung nachvollziehen, auf ein Forschungsergebnis allerdings sind sie, anders als die Arbeit etwa des Ornithologen, nicht ausgerichtet. Gedichte haben kein Ergebnis.

Die Nachbarschaften, die Unterschiede, der Blick: Schon die zwei heute noch gebräuchlichen Namen für denselben Vogel böten Stoff und Wundermöglichkeit genug, der wortgeschichtlich nicht eindeutig geklärte slawische Stieglitz und der unmittelbar anschauliche Distelfink. – Nicht lange nachdem die Stieglitzbälge bei mir aufgetaucht sind, entdecke ich in Thomas Klings *Sondagen* dieselbe Vogelart, in ebenfalls zwölf Versen, die ebenfalls Teil eines größeren Zusammenhangs sind. Vielleicht, überlege ich aufgeregt, saßen wir beide um dieselbe Zeit über einem Distelfinkengedicht, ohne daß wir, jeder mit seinem eigenen Stieglitz vor Augen, beim Schreiben voneinander gewußt hätten:

dieser kopf-
fleck, kopffleck;

(funken: disteln)

marke am haupt wie
arterielles blut.

der sich abhebt,
vom reif noch; an pen-
delnder rispe schwingen-

des rot
(distelfunk): was

für ein schönes paar
distelfinken.

*

Wie weit ist der Weg vom schtschegól zum chardonneret?

Wie viele Sprachen haben auf einem Vogel Platz?

Bei meinem ersten Besuch in Leuk im Wallis hörte ich erzählen, an manchen Tagen im Jahr könne man, bei besonders günstigem Wetter, ins Rhonetal hinunterschauend, am Horizont das Flußdelta und sogar das Meer erahnen. Ich hätte stutzig werden müssen, aber ich nahm die Worte, ehe ich eines Besseren belehrt wurde, ohne Landkarte vor Augen zunächst als bloße Auskunft hin – vielleicht wurde ein mögliches Mißtrauen auch von einer inneren Stimme niedergerungen: Was weißt denn du, der du den Walliser Dialekt nur in Bruchstükken und das Französische so gut wie gar nicht verstehst, von den Dingen, die sich jenseits der Sprachgrenze vor deinen Augen zutragen, wie könntest du beurteilen, ob die Sache mit dem fernen Seeblick stimmt, wo du nicht einmal in der Lage bist, die Stelle dort in deiner Nähe zu erkennen, wo der vom Rhonegletscher gespeiste Rotten endlich in die Rhone mündet.

Sprachgrenzen lassen sich, daran gibt es keinen Zweifel, auch optisch wahrnehmen, an manchen Orten leichter, weil mit dem Sprachwechsel zusätzliche Veränderungen einhergehen, der Verlauf einer politischen, einer geographischen Grenze etwa, oder weil sich der Übergang von einer Sprache zur anderen fließend gestaltet. Aber auch dort, wo Grenzziehungen und Landschaftswechsel fehlen, wird sich, davon bin ich überzeugt, die Sprachgrenze optisch zu erkennen geben, sofern man sie nur mit Geduld und genauem Blick ins Auge faßt.

Wirkt sich aber die Existenz einer Sprachgrenze auch auf denjenigen aus, der sie passiert? Verändere ich mich merklich, wenn ich mich auf den Weg nach Sitten mache, um am Ende immer wieder in Sion anzukommen?

Das Versprechen, von den umliegenden Bergen das Mittelmeer sehen zu können, hat mir eine Geschichte in Erinnerung gebracht. Vor rund einhundertdreißig Jahren unternahm ein fünfzehnjähriger Junge aus der Ukraine, der sich später Joseph Conrad nennen sollte, mit seinem polnischen Hauslehrer eine Reise nach Westen, über Wien, die obere Donau, München, den Bodensee hinein in die Schweiz. Eine Reise, deren Ziel es war, den Jungen auf sanfte Weise von seinem Berufswunsch abzubringen. Die Binnengewässer, das weite Land, die großen Städte, schließlich die Alpen: Vor dem Hintergrund dieser Horizonterweiterung werde der Traum, ein Seefahrer zu werden, verblassen, so die Hoffnung des Vormunds und des begleitenden Lehrers. »Die Idee war insofern brillant, als weder er noch ich jemals das Meer erblickt hatten«, wird Joseph Conrad später schreiben.

Die fern in der Ukraine gemachte Rechnung ging nicht auf. »In den letzten Tagen unternahmen wir einen geruhsamen Fußmarsch durch das Tal der Reuß.« – »Wir hatten den Vierwaldstätter-See-Dampfer in Flüelen verlassen und befanden uns am Abend des zweiten Tages, als die Dämmerung unsere verhaltenen Schritte einzuholen begann, ein Stück Wegs hinter Hospenthal.« – »Unsere vorausbestimmte Reiseroute führte über den Furkapaß zum Rhonegletscher, und von dort mußte es hinuntergehen ins Häslital.« (»Häslital« statt Haslital: Ich liebe solche Fehler – als hätte hier jemand Drittes, der Setzer womöglich oder der Übersetzer, den Blick eines Kindes eingenommen, das Conrad auf seiner Reise schon lange nicht mehr ist: Im Häslital, wo die Häschen wohnen.) Die beiden waren also auf dem Weg ins Wallis, während der Wanderung redete der Lehrer unablässig auf den Schüler ein, es sich mit der Seefahrt doch noch einmal zu überlegen, sie unterhielten sich im fremden Sprachumfeld vermutlich auf Polnisch, vielleicht auf Französisch, und dann geschah, »im Angesicht des Finsteraarhorns und der Schar seiner gewaltigen Brüder, deren mächtige Häupter vor dem hellen Himmel standen«, wie Conrad schreibt, etwas, das den Lehrer einknicken, sein Vorhaben aufgeben ließ: Auf dem Furkapaß begegneten die beiden einem Mann, der Englisch sprach. Englisch, dort in den Alpen: die Sprache der größten seefahrenden Nation. Ein paar wenige englische Worte, und der Polnisch sprechende Hauslehrer gibt auf. Ein Jahr später heuert sein Schüler in Marseille auf seinem ersten Schiff an.

Weder er noch sein Lehrer hätten bis dahin je das Meer erblickt, schreibt Conrad, doch vom Abstieg ins Rhonetal erfahren wir nichts mehr, da die Lebensentscheidung einmal gefallen ist. Kein Wort darüber, ob Lehrer und Schüler ein weiteres Mal eine Sprachgrenze passiert haben, hier vom fremden Deutschschweizerischen zurück ins ihnen vertraute Französisch. Wer weiß, vielleicht kamen die beiden, während sie sich Leuk näherten, in den Genuß jener erwähnten günstigen Wetterbedingungen, und vielleicht erahnten sie am Horizont das Meer.

Verändere ich mich merklich, wenn ich eine Sprachgrenze passiere?

Wie weit ist der Weg vom schtschegól zum chardonneret?

Ich lese ein hervorragendes Buch über die Fauna im Wallis, ich blättere, suche im Register nach dem Stieglitz, aber er taucht nicht auf, Steinschmätzer, Stelze, Stockente, Storch – sollte der Stieglitz etwa, frage ich mich für den Bruchteil einer Sekunde, im Wallis nicht anzutreffen sein? Natürlich doch, ich suche im Register der lateinischen Namen und finde ihn sofort: *Carduelis carduelis*, der Distelfink, sein zweiter Name Stieglitz ist im Wallis offenbar nicht verbreitet. Oder der Faunaführer meint es mit dem »Register der deutsch-lateinischen Artnamen« sehr genau, Stieglitz kommt aus dem Slawischen, die Endsilbe »-itz« zeigt diese Herkunft im Deutschen unmißverständlich an.

Wo aber, an welchem Punkt, wenn wir uns eine Reise dieses Vogels vorstellen, wechselt er seinen Namen, wo taucht, wenn wir vom Osten Richtung Wallis schauen, der Stieglitz auf, und wo geht er verloren?

Im Russischen: schtschegól, im Polnischen: szczygieł, im Tschechischen: stehlík, dann, in ostdeutsche, im Grunde ja immer noch slawische, Gegenden hinüberwechselnd: Stachlick, Stechlitz, Stichlitz, Stiegelitzsch, die Sterlitze und Stieglitz. Sprachliche Mischgebiete, hier kommen – heute wohl weitgehend vergessene – Namen wie Kletter, Goldfink, Fistelfink, Distel-Zeisig, Distelvogel, und endlich Distelfink hinzu.

Schtschegól – szczygieł – stehlík – Stachlick – Stieglitz – Distelfink. So ungefähr könnte die Route ausgesehen haben, auf der ein russischer *Carduelis carduelis* dem jungen Konrad Korzeniowski ins Wallis nachgezogen wäre. Folgt man der Sprachroute, erscheint einem die etwas hilflose Erklärung, der Stieglitz habe seinen Namen vermutlich wegen seines Rufes ›stigelit‹ erhalten, als blanker Unsinn sprachfauler Menschen: Man sollte weniger auf den Ruf des Vogels als darauf hören, wie er in slawischen Sprachen gerufen wird.

Aber hat denn im Wallis auf diesem Vogel neben seinem lateinischen bloß noch ein einziger weiterer Name Platz? Nein, geht mir auf, ich befinde mich ja, wie in Ostsachsen, hier in einem Sprachgrenzgebiet, und bei meinem Faunaführer durch das Wallis handelt es sich um eine Übersetzung aus dem Französischen. Und schlage ich im französischen Wörterbuch nach, finde ich unter dem Eintrag ›Distelfink‹ wie unter ›Stieglitz‹ dasselbe Wort: chardonneret.

Vielleicht haben neben dem lateinischen Namen stets nur zwei weitere zur selben Zeit, am selben Ort auf einem Vogel Platz, und so muß im Wallis, wo der französische chardonneret zum deutschen Distelfink tritt, eben der lange mitgetragene, aus dem Slawischen herkommende Stieglitz entfallen.

»Die Macht des Klangs«, schreibt Joseph Conrad einmal, »war immer stärker als die Macht des Sinns.« Der Weg vom russischen schtschegól zum Distelfink ist weit. Doch mache ich von dieser Stelle noch ein paar Schritte in südwestlicher Richtung, wird aus dem Distelfink der chardonneret, und plötzlich scheint es, als hätte ich mich, was den Klang angeht, fast im Kreis bewegt. Stieglitz und Distelfink entschwinden, es bleibt allein die enge Nachbarschaft von chardonneret und schtschegól.

Im Faunabuch von Pierre-Alain Oggier hält mich besonders ein Passus gefangen – vielleicht, weil hier durchschimmert, daß sich die Vogelbeobachtung grundlegend etwa vom Trainspotting unterscheidet, weil stets die Frage nach dem Verhältnis zwischen Wort und Gegenstand mit aufgerufen ist. Dort heißt es: »Zahlreiche Wintergäste, die aus der Kälte kommen, werden unter den einheimischen Vögeln gar nicht bemerkt. Wie soll man denn einen Buchfink aus den schwedischen Wäldern von seinem Walliser Artgenossen oder ein Rotkehlchen aus der Taiga von einem solchen, das aus den Maiensässen kam, unterscheiden können!«

Die Frage wird hier als rhetorische gestellt, als sei sie entschieden – für mich aber klingt sie eher wie eine Frage, auf die es keine Antwort gibt. Sicher, das Rotkehlchen aus der Taiga macht keine merkliche Veränderung durch, indem es die Sprachgrenze passiert. Aber ein anderes Rotkehlchen wird es damit doch. Und wenn auch nur für jemanden, der schreibt.

Der Bofink aus Schweden, dann die malinowka, ein weibliches Wesen aus Rußland: sie, die im Himbeerstrauch lebt: ›unser‹ Rotkehlchen. Und, passend dazu, der rjabinnik: er, der im Wacholderstrauch lebt: die in den fünfziger Jahren zunächst als Wintergast, mittlerweile längst auch als Brutvogel zu beobachtende, also im Wallis heimisch gewordene Wacholderdrossel.

Wie soll man sie von den einheimischen Vögeln unterscheiden können? – An ihrem Namen, sprachlich, zwischen den Sprachen.

Für Joseph Conrad, der als Junge im Wallis erstmals in seinem Leben ein paar Worte Englisch hörte, gab es später, da er zu schreiben begann und irgendwann auch in die Schweiz zurückkehrte, um in Genf an seinem ersten Roman zu arbeiten, womit »die Sonne meines Seefahrerlebens im Begriff stand unterzugehen, und zwar in ebendem Augenblick, da ich die Worte niederschrieb«, für Conrad gab es trotz seiner polnischen und französischen Sprachkenntnisse nur die eine Alternative: Entweder auf Englisch oder gar nicht schreiben.

*

Ein Übersetzer geht oberhalb des Genfer Sees spazieren, und Psyche läßt sich auf den Wörtern nieder. »An Zweisprachigkeit in der Dichtung glaube ich nicht«, hat Paul Celan einmal mit Entschiedenheit auf eine Umfrage geantwortet. Gibt es aber vielleicht eine Mehrsprachigkeit der Pflanzen und der Tiere, da sie sich von Ort zu Ort, von einer Zeit in eine andere bewegen?

Psyche: der Tagfalter, der Sommervogel, die Butterfliege, der Molkendieb, der Schmetterling.

»Gestern ging es besser, vor allem, nachdem ich Sie von Nyon aus angerufen hatte«, schreibt Paul Celan in einem berührenden, vieles berührenden Brief an seine

Frau, ein langer Sonntagsbrief über einen Ausflug am 29. September 1962, an Celans erstem, ihm lang werdenden Wochenende in Genf, wo er wenige Tage zuvor eingetroffen ist, um für einen Monat als Übersetzer am Internationalen Arbeitsamt tätig zu sein.

Von Nyon sei er mit einem kleinen Zug nach Saint-Cergue hinaufgefahren, berichtet er, sonniges Wetter, kaum Menschen, ringsum Wälder, und: »alle Bäume – sehr gemischt, vom Vogelbeerbaum bis zur Lärche – hatten noch ihre Blätter – Sie wären hier bestimmt gern spazierengegangen: ich habe daran gedacht«. Dort habe er auf einer Hotelterrasse seinen Nachmittagskaffee genommen, »in Gesellschaft von Wörtern für ein Gedicht, hingekritzelt in Nyon«.

Vierundvierzig Jahre später, Anfang September 2006, mache ich den gleichen Ausflug, um Paul Celans Spazierweg nachzugehen. Die gewundene schmale Straße nach Saint-Cergue, durch die Felder, ich bin von Schmetterlingen empfangen worden, am Himmel kreist ein Raubvogel, in einer Kurve eine Eidechse auf dem sonnenwarmen Asphalt. Oben im Ort finde ich ein altes, längst geschlossenes Ausflugslokal, dem Bahnhof gegenüber, vielleicht hat Celan hier über seinen Gedichtnotizen gesessen. Auf der verglasten Terrasse zwei leere Volieren, und die schmutzigen Markisen verraten noch, zuletzt hieß dieses Gasthaus »Chez Charly«.

»Dann habe ich beschlossen«, schreibt Celan an seine Frau, »zu Fuß nach Arzier hinunterzugehen, über eine von der Hotelwirtin angegebene Abkürzung. Es war schön, sehr schön, dort oben zu gehen, und auf einmal, ich war gar nicht darauf gefaßt, ist zu meiner Rechten plötzlich eine Blume aufgetaucht: eine Zeitlose.« An dieser Stelle hält der Leser inne. Wie sein Gesteinsdeutsch ragt auch Paul Celans Blumendeutsch aus der Dichtung unserer Gegenwart so klar und widerständig heraus, daß mancher sich nicht anders zu helfen wußte, als es für die Erfindung eines Zweitsprachlers aus Rumänien zu halten. – Doch hier, beim Blumennamen ›Zeitlose‹, der Herbstzeitlosen, wird uns wieder klar, die Eheleute Celan korrespondieren auf Französisch, und Eugen Helmlé hat uns die Briefe übersetzt. Wie zeigt nun Celan an einem dahinschleichenden Sonntag diese die Zeitlosigkeit mit sich tragende Blume seiner Frau? Er schreibt »colchique«, und damit wechselt er, obwohl er im Französischen zu bleiben scheint, in eine andere Sprache. Mehr noch, er wechselt Sprache, Zeit und Ort. So geht er ins Gedicht.

Er fragt: »Erinnerst Du Dich an das vorletzte Gedicht: ›Columbus, die Zeitlose im Aug, die Mutterblume‹? – Und da habe ich an das allerletzte Gedicht denken müssen, geschrieben nach dem aus Moskau empfangenen Brief, in dem mir Erich Einhorn sagte, daß er seine Ferien in ›Kolchis‹ verbringen werde, das heißt am Schwarzen Meer.« *Colchicum autumnale*: die Herbstzeitlose. Kolchis: Verbannungsort Ovids, Mandelstamgegend.

Es gibt keine Hotelwirtin mehr, die ich nach einer Abkürzung fragen könnte, statt dessen gleich jenseits der Straße, parallel zur Bahnlinie, einen neu beschilderten Wanderweg in den Wald, am Jurahang entlang, dem ich – ein wenig voreilig, wie ich später merken werde – folge. Der schroffe Abgrund rechterhand, und links, zwischen den Bäumen, immer wieder weicher, warm getönter Kalkfelsen, so laufe ich dem Tal entgegen.

»›Kolchis‹«, schreibt Celan, »das war, und das ist mir

erst gestern aufgegangen, nur ein geheimes Echo der ›Zeitlosen‹, hervorgerufen durch die Wirklichkeit.« Mit dem Anblick einer Blume und der Frage nach ihrem Namen sieht er sich weit in den Osten, ans Schwarze Meer versetzt, sieht Erich Einhorn in der Nähe, den Kindheitsfreund, sieht sich zugleich in der Antike und bei Ossip Mandelstam. Und er gerät, beim Übersetzen eines Blumenanblicks, in ein eigenes Gedicht, »Und mit dem Buch aus Tarussa«:

Vom Nebenwort, das
ein Ruderknecht nachknirscht, ins Spätsommerohr
seiner hell-
hörigen Dolle:

Kolchis.

Schmetterlinge auch hier. Wo sich der Wanderweg leicht nach Norden wendet, hat man eine Stelle gerodet, einen Aussichtspunkt geschaffen. Unten der See, von einer leichten Dunstschicht überzogen, als läge er unter Glas, und über den schneebedeckten Gipfeln der Viertausender im weißblauen Himmel ein bald voller Mond. Wenn ich mir Mühe gebe, meine ich in der Ferne Montreux zu erkennen.

Ich frage mich, ob Celan wie ich von diesem Punkt aus den Lac Léman überblickt hat, und ob er damals wußte, daß sich im Jahr zuvor am Ufer drüben Wladimir Nabokov niedergelassen hatte, seit seiner russischen Kindheit die Sprachen durchwandernd und Schmetterlinge sammelnd.

Dann schaue ich auf Nyon hinunter, die kleine Stadt

am Jurafuß, doch ich suche vergeblich nach einer Wehranlage im Stadtbild, nach einem Turm vor der Seekulisse, nach jenem Schloß, »das ihr, da bin ich sicher, kennen werdet«, wie Rainer Maria Rilke einmal meint – im Vorwort zur Bildergeschichte des elfjährigen Balthus, die vor Ansichten der Nyoner Schloßfassade ihren Anfang nimmt, mit einem »Mitsou« getauften Kater.

Später schreibt Rilke vom »slavischen Gemüt« seines »kleinen Freundes«, und: »er stammt aus einer alten polnischen Familie, Klossowski, die dann freilich seit zwei Generationen, in Schlesien, mit einem Zweige deutsch geworden war; nicht sehr gründlich«.

Der Schmetterling, the butterfly: Die Hexen, heißt es, erschienen in Gestalt von Schmetterlingen, um dem Bauern unerkannt Milch und Sahne zu entwenden. Ich bin mir nicht sicher, ob mit dieser Namensdeutung ein Volksglaube oder ein volksetymologischer Glaube eingefangen wird, aber ich zweifle nicht an der Erklärung, Schmetterling sei ein Wort, das von weither, aus dem Osten kommt: Schmetter, das ist im Schlesischen der Rahm, und Schmetterling ein halbes Lehnwort aus der slawischen Umgebung – die Sahne, tschechisch: smetana.

Celan fährt fort: »Etwas weiter – die Wiesen waren bald mit Zeitlosen übersät –, als ich die Straße verließ, um den Ziegenscheunenweg zu nehmen, stand eine andere Blume da: der Augentrost – l'euphraise –, wovon ich Dir ziemlich oft, wie ich glaube, erzählt habe. Im Krieg, in der Moldau, war ich, mit zwei Eimern (Wasser? Suppe?) beladen, die ich, vor Mittag, in die kleine Stadt holengehen sollte, um sie zur ›Baustelle‹ zu bringen, diesem Augen-*Trost* begegnet.«

Die Arbeitslagerblume Augentrost, in beiden Sprachen nun, Deutsch und Französisch nebeneinander, »l'euphraise«, dem lateinischen *Euphrasia officinalis* nah – »da, siehst Du, sah ich mich wieder einmal zurückgeworfen«, schreibt er, und wandert weiter. Am Weg entdeckt er Silberdisteln und Vogelbeeren, entdeckt Wörter: Mit dem Vogelbeerlaub vor Augen kommt ihm in den Sinn, wie er einen Jessenin-Vers übersetzen muß – der Anblick eines Strauches auf Französisch, um vom Russischen ins Deutsche zu gelangen. Als er vor der Entscheidung steht, sich quer durch den Wald zu schlagen oder umzukehren, verläßt ihn der Mut, und er kehrt um.

Ein langes Wochenende allein, an dem Paul Celan der Zeitlosen begegnet. Unten in Nyon hat er auf der Rue Perdtemps, der tatsächlich existierenden Zeitvergeudungsstraße, und nicht weit vom Schloß unter anderem dies zu einem Gedicht notiert:

Über Krakau gekommen, im
Novemberzug. Am Anhalter Bahnhof
floß deinen Blicken der Rauch zu.
Von ihm sollte – was sollte?
Die Rede sein, anderswoher.

Er legt seinem Brief eine Zeitlose bei, und drei Wochen darauf wird er den beschriebenen Ausflug noch einmal machen, in Begleitung seiner Frau. Sie weiß, was ihm die deutschsprachige Blume, was der »Augentrost« bedeutet. Bis dahin ist das Wort ein einziges Mal in einem seiner Gedichte aufgetaucht, im September 1942, und man vermutet, es könnte an dem Tag entstanden sein, als Celan im Arbeitslager vom Tod seines deportierten Vaters erfuhr.

Mir allerdings wird bald klar, daß ich keineswegs auf den Spuren Paul Celans gewandert bin, hier, auf dem Wolfspfad, der keine Wiesen kreuzt. Nun schlage ich mich quer durch den Wald, wieder hinauf, über die Bahnlinie, Viehglockenläuten entgegen. Dort eine Lichtung, eine Weide, der Bauer hat eben seine Kühe gemolken, ein kleines Feuer gemacht, er reinigt Utensilien und schaltet den Generator der Melkmaschine aus. Irgendwann gelange ich auf eine Straße, die Straße nach Saint-Cergue, und ein Schild zeigt mir, ich bin den Weg zum Geißstall in entgegengesetzter Richtung gelaufen.

Herbstzeitlose und Augentrost habe ich nicht gesehen. Gewiß – wie Wörter und Bilder sind auch Blumen und Tiere jeweils einmalige, dem einzelnen vorbehaltene Erscheinungen, die sich einer Verallgemeinerung widersetzen. Geteiltes Schicksal gibt es nicht, sowenig wie es teilbare Gedichte gibt. Und ich kann, oberhalb des Genfer Sees, die Blumenentdeckungen Paul Celans nicht wiederholen, nicht seinen Gang durch die Sprachen. Diese Fähigkeit besitzt vielleicht nur der Schmetterling.

Dann könnten wir uns beim Anblick eines Schmetterlings im Raum zwischen den Sprachen aufhalten – ein Hauch, wir spüren Schmerz und Euphorie, da uns die fernen Orte und dic Toten nah sind, und sei es für die Dauer eines Flügelschlags:

> Wird nur der horror vacui mir sanft verboten
> Seh ich den Schmetterling als eine Seele an
> Und Sommerahnung von verschwundnen Toten.

So wandert er im *Schmetterlingstal* von Inger Christensen durch die Sprachen, wie Norbert Hummelt es nachgedichtet hat, wandert vom Dänischen über das Griechische ins Deutsche und in seine slawische Herkunftslandschaft zurück. So läßt sich Psyche auf den Wörtern nieder.

»Ein geheimes Echo, hervorgerufen durch die Wirklichkeit«, wie Paul Celan schreibt, und: »Man müßte sich mit dieser Art von Dialog, ein wenig außermenschlich, zu begnügen wissen, nicht wahr?«

VI

Auf dem Buchumschlag sehen wir die Autorin bei der Arbeit: Sie steht hinter einer offenen Magazinbeute und fegt mit einem feinen Abkehrbesen Bienen von der gutgefüllten Zanderwabe in den Honigraum zurück. Am Rahmen krabbeln Bienen hin und her, im Hintergrund einige braune Flecken in der Luft, die meisten Tiere aber haben sich anscheinend bereits tief in die noch mit vollen Waben belegte Beute zurückgezogen, der Smoker ist schon einige Augenblicke vorher zum Einsatz gelangt. Die Imkerin trägt eine Bluse mit kurzem Arm, keine Handschuhe, keinen Hut. Ein Bild äußerster Konzentration. Ein Bild der Reflexion. Äußerster Körperbeherrschung. Sprachbeherrschung.

Ein Glücksgriff. *Mein Bienenjahr. Ein Arbeitskalender für den Imker* von Lieselotte Gettert – bei der Wahl des Buches habe ich mich allein vom Titel leiten lassen, das Zusammenspiel von Poesie und Sachlichkeit zog mich magisch an. Ein Erfahrungsbericht aus vierzig Jahren Imkerei, der Anfängern eine Einführung in die Bienenhaltung geben soll und Kollegen Einblick in die eigene Arbeit gewährt, jenseits aller Geheimniskrämerei. Aufforderung zum Austausch, Bienenüberlegungen, in zwölf klar aufgebauten Kapiteln von Januar bis Dezember. Insofern ist dieser *Arbeitskalender* genau das, was im Untertitel versprochen wird. Der Haupttitel indes verspricht noch etwas anderes, das Possessivpronomen und der suggestive Ausdruck *Bienenjahr* eröffnen ein weiteres Feld, auf dem wir uns, die Leser, Schreibenden, als honigmachende Insekten bewegen, im Buch, auf unserer Bienenwiese. Wir imkern nicht, wir machen keinen Honig, wir sammeln weder Honigtau noch Pollen – und ebendarum lesen wir *Mein Bienenjahr* als ein konziser kaum vorstellbares Werk, das uns etwas über das Schreiben sagt und zugleich vorführt, wie Schreiben vonstatten gehen kann.

»Jetzt herrscht bei den Bienen vollkommene Ruhe«: Ein schlichter Satz, eine klare Beobachtung, die der Laie ohne weiteres nachvollzieht, in einem sicheren, gelassenen Ton formuliert, der uns durch die zwölf Kapitel dieses »Arbeitskalenders« führen wird. »Jetzt herrscht bei den Bienen vollkommene Ruhe«: Welch ein ungeheuerlicher Auftakt für ein Bienenbuch, im Januar, »Am Bienenstand« – es gibt für uns, für den Beobachter, den Imker, nichts zu sehen, nichts zu tun.

Um die Wucht des ersten Satzes zu spüren, muß man bis zum Ende des Dezemberkapitels lesen, wie mir nun aufgeht, da ich an den Anfang zurückgeblättert habe, und vielleicht sollte man sich auch an die Eingangspassagen anderer Bienenbücher erinnern, an Frühjahrsbilder, Bienenwiesen, an Honiglob oder an gravitätisch klingende Herleitungen heutiger Imkerei aus der langen Geschichte des Zusammenlebens von Mensch und Biene. Dagegen Lieselotte Gettert, beiläufig und genau: Im Januar sieht jeder, der es wagt, sich einem Bienenstock zu nähern, daß nichts geschieht.

Der Leser ist sofort gebannt. Die Imkerin versteht es, in einem Satz von sieben einfachen Wörtern eine Spannung aufzubauen, die sich, wir spüren es, mit den folgenden Sätzen entladen muß. So funktionieren die klassischen Winterbilder: Die weiße Fläche, wenig Licht, keine Bewegung. Dann Einbruch der Naturgewalt, oder der Auftritt eines Menschen, der alles zum Einsturz bringen wird. Wer uns das leere Januarblatt zeigt, der wird, kein Zweifel, im nächsten Moment darauf die ersten Spuren der kommenden Katastrophe einzeichnen. *Doktor Schiwago* lebt davon, *James Bond* führt es im Kino regelmäßig vor, und *Tim in Tibet* ruft mit seinen weißen Seiten konsequent alle Schneebilderwartungen des Lesers auf.

Lieselotte Gettert erweitert das Arsenal der Leere um eine neue Variante, indem sie vor unseren Augen mit raschen Strichen zwei Tragödien im Konjunktiv entwirft: Zum einen kann schon »die Erschütterung beim Betreten eines Bienenhauses oder Hantieren am Freistand« für das überwinternde Bienenvolk eine lebensbedrohliche Störung bedeuten, »das Volk braust auf, Temperatur und Zehrung erhöhen sich« – der Topos des unheilbringenden Menschen. Zum anderen die tödliche Kraft der Natur, hier in Form von Schnee, der sich bei starkem Schneefall vor den Fluglöchern sammelt: »Der Schnee ist zwar luftdurchlässig, wenn er aber schmilzt und danach wieder vereist, könnten die Bienen in Not geraten.« Im einen wie im anderen Fall wäre *Mein Bienenjahr* nach kaum einer Viertelseite am Ende angelangt, Erzählen nur mehr in der Rückschau möglich.

Einer schlichten Beobachtung von Nichts folgt das geballte Wissen der Autorin, der arglose Laienblick trifft auf die unendliche Imkerimagination: Mehr als zwei knappe Absätze voller Dramatik hat es nicht gebraucht, die Imkerin hätte uns kaum geschickter in ihre Bienenwelt ziehen können. Erst jetzt nämlich begreifen wir, was wir in dieser Eröffnungsszene hingenommen haben, ohne, wie sonst so gern, zu klagen: Lauter Begriffe, die wir als Laien nicht verstehen. Im Gegenteil, wir haben uns, von der sicheren Stimme der Imkerin geleitet, voller Erwartung ein ungefähres Bild gemacht vom »Freistand«, von der »Zehrung« und vom »Brausen«, und wenn wir die Bedeutung dieser Wörter, wie wir ahnen, auch nicht eindeutig erfassen, so können wir sie, im Vertrauen auf die Imkerin, doch als unbekanntes Material, als fremde Einschüsse, als kleine weiße Flächen im Text stehenlassen, ohne gleich Unheil zu erwarten.

Vielleicht ahnen wir an dieser Stelle ebenso, daß es uns nicht guttun würde, nun aus dem Fluß der Sätze auszubrechen, uns dem Blick der Autorin zu entziehen und gewissermaßen hinter ihrem Rücken an das Buchende zu blättern, um im Register nachzuschauen und dann, als wäre nichts geschehen, als schlaue Imkerschüler an den Anfang zurückzukehren – nach Einträgen wie »Brausen«, »Freistand«, oder »Zehrung« sucht man im Register natürlich vergebens. Und hat nicht Lieselotte Gettert gleich im zweiten Satz ein »Wir« genannt, ein offenes, das uns einlud, in der Nähe zu bleiben, weil sie uns Einblicke in den Bienenstock gewähren will?

Beobachtungen machen und dafür Worte finden. Sich ein Vokabular aneignen und es auf Gesehenes anwenden. Die zwei Bewegungen greifen so eng ineinander, daß sie nicht zu trennen sind. Da stoßen wir immerfort auf Begriffe, deren Bedeutung sich uns nur durch andere Begriffe erschließt, sofern wir keine Imkererfahrung haben. Da stoßen wir auf dunkle Stellen im Text, die auch die zahlreichen photographischen Illustrationen nicht erhellen helfen – eine, wie mir inzwischen scheint, besondere Spezialität von Bienenbüchern. So mußte ich, nachdem ich selbstverständlich meinte, ich hätte zumindest einen annähernd brauchbaren Begriff von »Mittelwand«, bei der Suche nach einer Definition einsehen, daß ich weder erklären könnte, was »Mittelwand« genau heißt, noch wozu Mittelwände dienen. Warum werden sie wann an welcher Stelle in ein Magazin gehängt? Ich bin mir sicher, mir würde die Bedeutung unmittelbar klar, sähe ich einem Imker bei der Arbeit zu, ohne daß er ein Wort sagen müßte.

Eine erste Lektion hätten wir somit bereits Anfang Januar gelernt, hektisch blätternd, während bei den Bienen vollkommene Ruhe herrscht: Wir sollten uns nicht aufregen, wenn wir auf unbekannte Wörter stoßen, dabei verbrennen wir nur unnötig Energie – im Winter kann das tödlich sein. Besser, wir konzentrieren uns auf den Text. Sollten wir schwächeln, greifen wir zum Honigglas. Fremdes Vokabular: Unverhoffte Blicke durchs Flugloch, in eine andere Welt, da drinnen, da draußen. Entweder folgen wir der Imkerinnenstimme geduldig Monat für Monat durch das Jahr, oder wir gehen gleich zugrunde, weil uns die Fluglöcher vereisen.

Was heißt das aber: Monat für Monat durch das Bienenjahr? In ihrem zweiten Januarabschnitt gibt Lieselotte Gettert zu bedenken: »Ich möchte nicht sagen, zu diesem oder jenem Zeitpunkt beginnt das Bienenjahr.« Nehmen wir flankierend die Anfänge zweier berühmter Bienenbücher hinzu, *Die Biene Maja und ihre Abenteuer* von Waldemar Bonsels, 1912, und *Aus dem Leben der Bienen* von Karl von Frisch, 1927. »Die ältere Bienendame, die der kleinen Maja behilflich war, als sie zum

Leben erwachte und aus ihrer Zelle schlüpfte, hieß Kassandra und hatte großes Ansehen im Stock«, heißt es bei Bonsels, und: »Es waren damals sehr aufgeregte Tage, weil im Volk der Bienen eine Empörung ausgebrochen war, die die Königin nicht unterdrücken konnte.« Schwarmstimmung also, der Stock ist nach längerer Bruttätigkeit übervölkert, zudem hat die Königin ganz offensichtlich Hormonprobleme. Der Zeitpunkt: Mitte Mai.

Karl von Frisch gibt mit seinen Einleitungssätzen einen größeren Rahmen vor, in dem sich Mensch und Biene begegnen können: »Der Naturfreund hat zweifach Gelegenheit, mit den Bienen unschwer eine Bekanntschaft anzuknüpfen: geht er an einem warmen Frühlings- oder Sommertag einem blühenden Obstgarten oder einer blumigen Wiese entlang, so sieht er, wie sie sich an den Blüten zu schaffen machen; und wenn er am Bienenstande eines Imkers vorbeikommt, so sieht er sie dort an den Fluglöchern ihrer Wohnungen aus- und einfliegen.« Setzen wir die erste Pollentracht als frühesten Zeitpunkt an, beginnt das Bienenjahr demnach – abhängig von der Wetterlage – irgendwann im Laufe des März. Vom Januar ist nirgendwo die Rede.

Weil Lieselotte Gettert sich jedoch vorgenommen hat, einen *Arbeitskalender für den Imker* zu schreiben, müssen gleich zu Beginn Menschenzeit und Bienenzeit in Konflikt geraten. »Das Bienenleben«, schreibt sie, »ist wie alles Leben ein steter Kreislauf.« Wer einen Punkt als Anfang festlegt, darf das immer nur unter Vorbehalt tun: »Viele legen diesen Beginn in den Juli, wenn sich das Volk auf den Winter vorbereitet. Aber dann müssen unsere Jungvölker längst in guter Entwicklung sein, und

die Wirtschaftsvölker sollten noch Tannentracht haben.«
Schon die Detailfrage nach einem bestimmten Punkt als Bienenjahrbeginn macht deutlich, daß wir es mit hochkomplexen, dabei fragilen Strukturen zu tun haben, die wir kaum annähernd durchschauen. Und je nach Perspektive scheint es, als ändere sich, indem sich unsere Vorstellung von ihr ändert, auch die Konstruktion selbst. »Jetzt herrscht bei den Bienen vollkommene Ruhe«: Was, wenn der Eingangssatz gar nicht den Anfang des Jahres, den Anfang dieses Buches markierte?

Indem sie im ersten Kapitel auf die Unvereinbarkeit von Menschenkalender und Bienenkalender eingeht, weist Gettert uns indirekt auf eine weitere Qualität ihres *Arbeitskalenders* hin. Wie in jedem anregenden Buch findet sich in *Mein Bienenjahr* neben der auf Anhieb erkennbaren Struktur ein Muster teils verborgener Strukturen, die von der Autorin gelegentlich durch Querbezüge angedeutet werden, die sich der Leser aber, eigenen Spuren nachgehend, genauso selbst erschließen kann. Zunächst werden wir uns von der Erzählung leiten lassen, werden Monat für Monat erst Beobachtungen am Bienenstand machen, in einem zweiten Schritt aus ihnen allgemeines Bienenwissen ziehen und schließlich die jeweils notwendigen Arbeiten verfolgen. Bald allerdings fallen uns Motivwiederholungen ins Auge, möchten wir frühere Passagen noch einmal lesen, weil uns ein wichtiges Detail entgangen ist, auf dem nun aufgebaut wird – wir arbeiten also bereits an unserem eigenen Text.

Im Februar etwa wird auf die guten Erfahrungen mit Rainfarn als Rauchmaterial hingewiesen. Im Juli sehen wir seine gelben Dolden auf einer Farbphotographie. Ende August endlich werden wir Rainfarn sammeln, häckseln und auf großen Planen trocknen. Rauchmaterial für den Februar – im Buch jedoch liegt der Februar bereits lange zurück.

Jeder Laie weiß, eine angriffslustige Biene läßt sich schon an ihrem eigenartigen Flugton erkennen. Beim Lesen von *Mein Bienenjahr* ist mir an mehreren Stellen aufgefallen, welche Rolle Schallereignisse im Gleichgewicht zwischen Imker und Honigbiene spielen. »Wer Sorgen hat, ob ein Volk noch lebt, horche nahe am Flugloch«, rät die Autorin für die Winterzeit, wenn nichts zu sehen ist: »er hört dort ein feines Brummen und weiß, alles ist in Ordnung!« Umgekehrt nimmt die Biene wahr, was außerhalb des dunklen Stockes vor sich geht, und schließt von den Geräuschen auf physische Präsenz. So muß der Imker dafür sorgen, daß über den Winter hinweg keine vom Wind bewegten Zweige an der Beute kratzen, die Bienen geraten in Unruhe, die Ruhr breitet sich aus, das Volk geht ein. Akustik und Temperaturhaushalt, das Wohlbefinden der Bienen wie des Imkers: Vielleicht wird so, läse ich nun unter diesem Gesichtspunkt genauer, über das Buch hinweg ein nahezu unsichtbares Netz gesponnen.

Vieles geschieht im Unsichtbaren bei der Imkerei. So heißt es anläßlich der ersten Frühjahrsnachschau im April, da wir ein zweiräumiges, also in zwei übereinanderstehenden Magazinen wohnendes Bienenvolk in Augenschein nehmen: »Unten kontrollieren wir grundsätzlich jetzt noch nicht, wenn das Volk ruhig erscheint.« Das Geschehen im oberen Magazin läßt auf das Geschehen unten schließen. »Der untere Raum, in dem sich die Menge der Flugbienen aufhält und der zeitweilig hauptsächlich als Pollenlager genutzt wird, bleibt eigentlich den ganzen Sommer von uns unberührt.« Bienenhaltung hat mit Diskretion zu tun.

Wir lesen die Bienen, und dabei fragen wir uns ständig: Wie lesen jetzt die Bienen mich? Am Bienenstock wird permanent codiert und decodiert. Eine Veranschaulichung dieses Prinzips, die in keinem Bienenbuch fehlen darf: Wer Angst hat, wird gestochen. Angstschweiß nämlich macht Bienen aggressiv.

Die Imkerin über der offenen Magazinbeute, sie wendet den Blick nicht dem Betrachter zu, sie hält ihn auf den schmalen Luftraum zwischen Honigwabe und Abkehrbesen gerichtet, ganz Ausdruck der furchtlosen Konzentration. Die Bienen kennen ihre Meisterin, meint man, sie kann sich schutzlos nähern, denn keiner wird dem anderen etwas zuleide tun. »Ich arbeite am liebsten ohne Schleier, nur mit leichtem Kittel oder ärmellos im warmen Sommer«, schreibt sie, und: »Handschuhe tragen wir nicht, sie behindern uns bei der Arbeit.«

Wie schützt sie sich dann aber gegen Stiche? Sie muß den Bienen gegenüber Unverwundbarkeit ausstrahlen. Selbstverständlich sind dabei die ruhigen, zügigen, gezielten Bewegungen von großer Bedeutung. Wichtiger noch ist der Geruch. Nur nicht mit Hautschweiß Angstsignale geben – man könnte sagen, der gute Imker weiß sich direkt in das Hormongefüge seiner Völker einzuklinken. Handschuhe oder gar ein Schutzanzug würden diesen beruhigenden Geruchsaustausch aus dem Gleichgewicht bringen. Daneben ermöglicht die Handschuhlosigkeit nicht nur rasches und präzises Arbeiten, die nackte Hand gibt auch der Imkerin selber Signale, die wiederum den eigenen Hormonausstoß regulieren. Eine

Selbstvergewisserung: Ich sehe, ich kann mit bloßer Hand in meine Völker gehen, ich spüre keine Furcht, und so bin ich gegen mögliche Angriffe gefeit. Hier kommt die nach und nach erreichte Immunität der Imker gegen Bienengift zum Tragen, der Körper weigert sich, den Stich als Angriff aufzufassen, dem mit einer allergischen Reaktion oder einem Gegenangriff zu begegnen wäre. Ich kenne keine Feinde – darum bin ich unverwundbar.

Und nicht zuletzt wird die intensive Tasterfahrung mit den Bienen zu Lieselotte Getterts Unverwundbarkeit beitragen. Im Junikapitel gibt sie einen knappen, eindrücklichen Bericht, wie sie – aus einem Imkerhaushalt stammend – in ihrer Ausbildung damit betraut wurde, unbegattete Königinnen mit einem Zeichenplättchen zu markieren: »Wichtig dabei war, die Tiere so am Brustkorb zu halten, daß ich nicht gestochen wurde (Bienen bewegen den Hinterleib nur auf- und abwärts, nicht seitlich). Erst wenn etliche Arbeitsbienen diese Prozedur lebend überstanden, durften auch Königinnen gezeichnet werden.« – Die Übung am einzelnen Insekt, mit nackten Fingern, als Aneignung taktilen Bienenwissens.

Berührung und Geruch, die Aufmerksamkeit für Bewegungsgeschwindigkeiten und, natürlich, Farben: Die Imkerin hat sich durch steten, genauen Umgang mit diesen Insekten in die Welt der Biene hineingedacht, hat sich einen Antennenersatz geschaffen. Die Autorin schätzt ihre Bienen, weiß sie sehr gut einzuschätzen. Doch ich bin mir sicher, für das Gelingen der Arbeit ist ein weiterer Zug von vielleicht entscheidender Bedeutung, und ich meine, man kann ihn aus dem Photo von der Honigernte herauslesen, aus diesem Blick, den Lieselotte Gettert auf die abgefegte Wabe wirft: Sie mag unendliches Bienenwissen gesammelt haben – zugleich gibt sie zu erkennen, wie gut sie weiß, daß diese Tiere ihr Geheimnis nie verlieren werden.

Der forschende Blick in den Honigraum: eine Übung in kontrolliertem Schweifen. Jeder Handgriff am Bienenstand ist einstudiert, folgt einer minutiös angelegten Dramaturgie, die nur dann abgewandelt wird, wenn Unvorhergesehenes geschieht oder beobachtet wird, im Volk, im Kasten, an den Waben. Das laienhafte Wegzucken, ja, bereits eine unprofessionelle, von unstillbarer Neugier angetriebene größere Nachschau am Morgen brächte Unordnung ins Volk, würde zu Honigausfall führen.

Es gibt keine natürliche Bewegung über dem offenen Zandermagazin, so wie es auch kein natürliches Sprechen gibt. Alles ist Inszenierung, Künstlichkeit, Regelbefolgen oder eben Abweichen von einem gegebenen Regelwerk. Wer meint, Sprache sei etwas Gegebenes, sei einfach da, und Schreiben heiße, auf Papier zu plaudern, den schicken wir ins Bienenhaus. Es gibt keine natürlichen Sätze.

Natur? Klotzbeute, Lüneburger Stülper, Kanitzkorb, Dathe-Zwilling, Deutsche Normalmaßbeute, Badischer Vereinsstock, Dreiraumbeute »Universell« von Nenniger-Hoehn, Längsbau-Lagerbeute von Golz, Querbaubeute von Bremer, Langstroth-Beute, Dadant-Beute, Segeberger Kunststoffbeute, die Hofmann-Beute, heute auch Alpentrogbeute genannt, die Zanderbeuten, namentlich Zander-Normalmaß-Magazinbeute, Erlanger Magazin und Hohenheimer Beute. – Allein diese kurze Liste künstlicher Bienenwohnungen macht augenfällig, wie eng das Verhältnis zwischen Mensch und Honigbiene ist. Zuchtbienen, die sich als unberechenbar erweisen können. Der Imker weiß um die Heftigkeit seiner Eingriffe in die Bienenordnung. Im Bienenstock treffen Natur und Kultur auf engstem Raum zusammen. Demgemäß zeugt die Sprache in *Mein Bienenjahr* von einem Höchstmaß an Reflexion – nur so läßt sich ein klares Bild von den beobachteten Vorgängen liefern. Und wir üben die Imkerperspektive ein.

Der hochcodierte Umgang mit den Bienen schlägt sich in der Sprache nieder. Würden wir uns für die Betriebsart im Warmbau oder im Kaltbau entscheiden? Natürlich mag der Kaltbau weniger praktisch sein, aber ein Schriftsteller kann sich nur schwer der Aussicht entziehen, in einem Blätterstock zu blättern. Das unerschöpfliche Wörterbuch des Imkers. Hier gehen Denkschärfe und Plastizität zusammen. Wer nicht mit ganzer Geistesgegenwart beobachtet, entlarvt sich unwillkürlich auch als sprachfaul. Und die Schärfe der Beobachtung bringt geheimnisvolle Wörter hervor. Hier zeigt sich: das Poetische ist das Präzise.

Nach und nach eignen wir uns in *Mein Bienenjahr* dieses Vokabular an, folgen Beschreibungen, die uns teilweise vertraut erscheinen, werden in neue, im jeweiligen Monat notwendige Handgriffe eingewiesen und kommen so mit unbekannten Wörtern in Berührung. Viel besser ist das, als etwa ein Glossar der Imkersprache durchzugehen – die alphabetische Ordnung verrät uns nicht, wie die einzelnen Arbeitsschritte ineinandergreifen, wie sich, wo Mensch und Biene aufeinandertreffen, die Wörter zueinander verhalten. Die Bedeutung eines Wortes ist sein Gebrauch am Bienenstand.

Praktisch, eindeutig – und trotzdem von schimmernder Dunkelheit. Mitunter genügt die Umstellung der Elemente innerhalb eines Kompositums, um eine bislang völlig fremde Welt zu öffnen. Niemand wird etwa eine Baumbeute mit einem Beutenbaum verwechseln – letzterer ist eine natürliche Bienenwohnung, erstere hat der Mensch früher in Anlehnung an die Natur geschaffen. Diese Sprachökonomie: der Bien – die Biene. Den Bien bitte nicht für eine Drohne halten, er »ist ein Gesamtorganismus, der aus vielen Einzellebewesen besteht, von denen keines für sich allein lebensfähig ist, sondern nur alle Glieder zusammen mit Wabenbau und Behausung (Beute)«, erklärt uns Lieselotte Gettert.

Wörter, die – aber so kann es gar nicht sein – ihre Bedeutung je nach Textzusammenhang zu ändern scheinen. Wörter, deren Bedeutung ich mir entlang von Klangerinnerungen zu erschließen versuche. Pflegevolk, Zuchtvolk, Wirtschaftsvolk, Jungvolk. Ich lerne den Brutraum vom Honigraum zu trennen. Doch wie unterscheidet sich der Fluchtraum vom Trommelraum genau? Gerät der Wortsinn hier ins Schwirren, finden sich wider Erwarten gar Synonyme im Imkerdeutsch, dessen poetische Strenge mir doch immun erscheint gegen das Mißverständnis, es gebe austauschbare Begriffe? Vorschwarm und Nachschwarm. Singerschwarm und Hungerschwarm. Naturschwarm und Kunstschwarm. Ein Schwarm wird »eingeschlagen«, Futter »aufgeritzt«. Bleibt im August die »Drohnenschlacht« aus, finden sich also keine toten Männchen um das Flugloch, nimmt Gettert dies als Zeichen, daß ein Volk »noch still umweiseln will« – ein Vorgang, »über den das Volk zu entscheiden hat, der Imker sollte nicht eingreifen«.

Mich hingegen macht Weiselunruhe selbst unruhig. Ich sehe mich eine Weiselprobe vornehmen. Die Sprachbildung wird beim Umgang mit Bienen nahezu automatisch angeregt. Am Sonnenwachsschmelzer geht die Arbeit gut voran. Ich beobachte ein Volk am Fangkorb, wo natürlich heftig gesterzelt wird. Unwillkürlich legt man Literaturlisten ungeschriebener Bücher an, *Die Schwarmverhinderung*, *Beim Bienenzuchtberater*, *Erinnerungen aus dem Schleuderraum*, *Belegstellenvölkchen gestern und heute*, *Wider die Buckelbrut* oder *Erfahrungen mit Kärntner Drohnenmütterchen* – das alles will ich unbedingt lesen. Und schon fahre ich wieder mit der Gemüllkrücke in den Totenfall. Magie. Hormone. Wer Imkersprache liest, beginnt umgehend mit dem verbalen Wabenbau.

Wirkt hier die Zaubernähe des Imkerwesens nach? Wir erinnern uns an den *Lorscher Bienensegen*, an »sizi, sizi, bina / sizi vilu stillo, wirki godes willon« – sitz, Biene, sitz ganz still, wirke Gottes Willen. Wieder der Schwarmdrang also, wir erinnern uns: *Die Biene Maja*, eine vorlaute Biene, ist geschlüpft, die Königin hat nichts im Griff, wenig später wird Maja den Stock auf eigene Faust verlassen. Und wir erinnern uns noch einmal an den Anfang von *Mein Bienenjahr*: »Jetzt herrscht bei den Bienen vollkommene Ruhe.« Ein schlichter Satz in sicherem, gelassenem Ton, eine klare Beobachtung, habe ich eingangs gemeint – und doch klingt hier die frühmittelalterliche Bienenbeschwörung nach, aus dramaturgischen Gründen in den Januar verlegt, wenn – wie der lesende Laie an diesem Punkt noch gar nicht wissen kann – im Bien niemals Schwarmstimmung herrscht.

Bei Lieselotte Gettert wird also nicht das Bienenvolk,

es wird zunächst einmal der Leser gebannt, und das, ohne direkt angesprochen zu werden – das indirekte Adressieren, die Anrede über Eck ist ein gängiges Zauberverfahren, zudem gilt der direkte Blickkontakt weithin als Zeichen von Aggressivität. Keine Beobachtung von Nichts, wie wir jetzt merken, sondern ein Auftritt: Die Imkerin spricht, ihre Stimme strahlt Autorität aus, sie führt uns vor, wie ihr die Bienen aufs Wort gehorchen, wie die Insekten dem Willen Gottes und des Imkers folgen. Die Stimme beruhigt uns, da wir erfahren, wie sie die Bienen beruhigen kann.

Es ist erklärtes Ziel wohl jedes Imkers, die Sanftmut und die Arbeitskonzentration seiner Bienen zu fördern. Allerdings weiß auch der Fachmann noch heute nur bedingt, nach welchen Gesetzen die Honigbiene lebt. Jeder Imker hat seine Vorlieben, wie jedes Bienenvolk. Patentrezepte scheint es kaum zu geben. Eine Fülle von Bienenverhaltensweisen läßt sich voraussagen, dennoch können sich einzelne Völker ganz unterschiedlich entwickeln, ein Volk reagiert womöglich auf Eingriffe des Menschen in immer wieder anderer Weise, jede Situation kann das Erfahrungswissen auf die Probe stellen.

Der Mensch, der mit Kräften konfrontiert ist, die er kaum annähernd versteht: Hier setzt die Kunst ein. Anlocken, abwehren, gefügig machen, bannen. Man könnte fragen, ob nicht die frühesten Manifestationen dessen, was wir heute Kunst nennen, allesamt Versuche waren, jene Tiere im Zaum zu halten, mit denen der Mensch Umgang hatte. Ob er sich dabei nun göttlicher oder menschlicher Kräfte bediente – wichtig ist vielleicht in erster Linie, daß er tierfremde Mittel nutzte, Werkzeuge, über die Tiere eben nicht verfügen: Zeichen, Abbildung, Menschensprache.

Der Mensch selbst rückt erst nach und nach ins Blickfeld künstlerischer Arbeit, die längste Zeit ist er von einer zentralen Position weit entfernt. Ritzungen, Musterbildungen, Anordnungen vorgefundenen Materials in der Landschaft, Einfärbungen, Felsmalerei. Eine Zeichnung in der Arana-Höhle bei Bicorp, Provinz Valencia, um 12 000 vor unserer Zeit entstanden, zeigt ein Felsloch als Wohnung wilder Bienen. Ein Höhlenbild in einer Höhle. Der Bien ist in Aufruhr, von unten kommen zwei menschliche Honigdiebe an einem Seil heraufgeklettert, beim Wabenbrechen werden sie kaum auf das Hersagen magischer Formeln verzichten wollen.

So führt ein direkter Weg von der Bienennutzung in die Literatur. Bienen füttern den jungen Jupiter – in einer Grotte. Später füttern sie Pindar und Platon im Schlaf. Sie führen, so Vergil, ihr Leben unter »großen Gesetzen«, und die sind nicht allein Gesetze der Natur. Nach Plinius haben sie eigene Sitten, erweisen sich als kunstfertige Wesen. So stehen sie den Dichtern nah. Und Dichter wirken in der Art der Bienen, da »sie von honigströmenden Quellen aus wundersamen Gärten und Tälern ihre Lieder einsaugen und sie zu uns bringen«, wie es Platon im Dialog *Ion* Sokrates sagen läßt.

An der Wende vom neunzehnten zum zwanzigsten Jahrhundert, in einer Zeit gravierender Umbrüche, erweisen sich Bienenbilder in der Literatur als besonders produktiv. Gesellschaften zerfallen, Gesellschaften entstehen, die alten Weisel zeigen sich müde, die Arbeitsvölker werden unruhig. Maurice Maeterlinck, wie er sich in *Das Leben der Bienen* bemüht, das friedliebende

Wesen der Honigbiene in den Mittelpunkt zu rücken, und Proust, der Maeterlinck-Verehrer, wie er den Garten seines Lieblingsautors imaginiert, »wo der Vergil Flanderns neben rosa, gelb und zartblau gestrichenen Bienenkörben aus Stroh, die uns schon beim Eintritt an seine Lieblingsstudien erinnern, so viel unvergleichliche Poesie eingesammelt hat«.

Im selben Jahr, als die Biene Maja sich in Bonsels Roman auf die Suche nach den Menschen macht, bekommen wir auch den Jungen namens Marcel erstmals zu Gesicht, in einer Vorabveröffentlichung aus der *Suche nach der verlorenen Zeit*, exakt zum Frühlingsanfang 1912. Mit welcher Art von Wesen haben wir es hier genau zu tun, das sich beim Abschied von Combray in den Weißdorn wirft? Ist vom olfaktorischen Charakter der Weißdornblüten die Rede, reichen die Beschreibungen von ›Heringslake‹ bis ›Aasgeruch‹, und jeder Pflanzenführer beeilt sich anzufügen, solche Aromen übten eine besondere Anziehungskraft auf Bienen aus – Marcel, der Erzähler, spricht durchweg von »Duft«. Will er die Blüten nur betrachten, ihren »Duft« einsaugen, oder bestäubt er sie, da er sich in die Hecke wirft? Kein Kind, meint man, sondern eher ein Insekt, das sich – am Morgen frisch frisiert und mit einem neuen Hut bekleidet – dagegen sperrt, zu einem Menschen gemacht zu werden. Da trampelt er beim Weißdorn wütend auf seinen Lockenwicklern herum. Merkwürdige Koinzidenz, wo doch bis heute Lockenwickler bei Imkern ein beliebter Weiselkäfig sind, um eine neu ins Volk gebrachte Königin dagegen zu schützen, daß die zukünftigen Untertanen ihr an den Beinen nagen.

Ein wenig später Ossip Mandelstam, der sich mit der

bald verzweifelten Beschwörung solitär lebender Bienen gegen das übermächtige Bild der staatenbildenden Bienen zur Wehr setzt, wie es die Sowjetunion propagiert. Die Unterordnung des Individuums im Kollektiv als Naturgesetz betrachtet – im ZK hat man seinen Vergil offenbar eher flüchtig gelesen. In dieser Situation beschwört Mandelstam mit den Dichterbienen zugleich das Europa der Antike herauf: »Aus meinen Händen, dich zu freuen, nimm / ein wenig Sonne und ein wenig Honig: dies / ist, was Persephoneias Bienen uns zu tun geheißen«, schreibt er 1920. Auch Stalin höchstpersönlich hält sich ein paar Völker, auf seinem Gelände in Subalowo. Als er nach der Revolution 1919 den Landsitz eines Industriellen in Beschlag nimmt, läßt er sofort ein Bienenhaus errichten und Buchweizen anpflanzen, für den Honig, vielleicht vom Wunsch getrieben, die Bienen fütterten auch ihn im Schlaf.

Ich begann, mich in *Mein Bienenjahr* zu versenken, und bald füllten die Bienen meine Träume aus. Beim Aufwachen wußte ich nicht zu entscheiden, ob ich im Traum Bienensätze geschrieben oder mich um meine Bienen gekümmert hatte. Als ich – von der Autorin, wie ich meinte, immer wieder dazu ermuntert – irgendwann beim Frühstück Berechnungen anstellte, wieviel Zeit mich das Halten von vier oder zehn Völkern über das Jahr kosten würde, als ich den überraschend geringen Arbeitsaufwand gegen den Erfahrungsgewinn abwog, der sich aus dem Bienenumgang ergibt, wurde mir gerade noch rechtzeitig klar: Ich könnte das Imkern sowenig wie das Schreiben als Hobby betreiben. Wenn ich mich für die Bienenhaltung entschiede, wäre es mit dem Schreiben schnell vorbei.

Ein Imker legt im Verlauf des Jahres Stockkarten an, Notizen zur Entwicklung einzelner Völker, zum Wetter, zum Ertrag, zu Krankheiten und Vorbeugemaßnahmen. Jedes Kapitel in *Mein Bienenjahr* bietet am Ende eine Seite Platz, in die der Leser eigene Beobachtungen an seinen Bienen eintragen mag. Lieselotte Gettert weist im Vorwort darauf hin, ihr *Arbeitskalender* könne so über die Jahre in den Händen des Lesers zu einer Chronik werden. Ja, Bienen und Bienenwirtschaft sind ein alter, gutgefüllter Bildspeicher für die Dichter. Und Imkerbilder eignen sich vorzüglich, um das Schreiben zu erfassen. Was mich von einem Leben als Bienenhalter hat absehen lassen, damit ich weiter schreibe: Die Tätigkeiten haben einfach zu große strukturelle Ähnlichkeit, als daß ich beiden nachgehen könnte.

Wie sich Beobachtung und Imagination durchdringen. Das Hineindenken, das Eingreifen in eine andere, auch ohne mich existierende Welt, von der ich weiß, daß ich sie niemals ganz begreifen werde. Diese ungeheure Intensität – alle Sinne werden gefordert, jede Nervenfaser ist angesprochen, da ich mich in ein Wechselspiel begebe, sei es nun mit dem Bienenvolk oder mit der Sprache. Die kleinste Unachtsamkeit meinerseits kann das Gefüge so empfindlich stören, daß alle Nacharbeit vergebens ist. Es gibt Routinen, eingeübte Handgriffe, gewiß – immer aber muß ich mit scharfem Blick an die Arbeit gehen, muß Bien und Sprache jedesmal von neuem betrachten. Und jede Lösung, die ich finde, mag für niemanden sonst Gültigkeit besitzen, ja, in Kürze wird sie vielleicht auch mir selbst nicht mehr weiterhelfen.

Die Bienen reagieren auf ihren Imker, aber sie kennen den Imker nicht. So auch die Sprache. Ich gehe mit ihr um, ich lenke sie ein Stück, sie kommt mir entgegen, im nächsten Augenblick entgleitet sie mir wieder. Ich glaube, mit der Sprache vertraut zu sein, und doch habe ich mir stets bewußt zu machen: Die Sprache kennt mich nicht. Ganz wie das Bienenvolk behält sie ihr Geheimnis, lebt und verwandelt sich nach eigenen Gesetzen. Und wie der Imker kann auch ich mir keine Sentimentalitäten leisten – im ärgsten Fall muß eben abgeschwefelt werden.

Imkern, das weiß ich mittlerweile, ist Schreiben ohne Text. Ich vermute, ein Imker würde das, vielleicht mit anderen Worten, genauso sehen. Beim Schreiben spreche ich vor mich hin, der Kehlkopf ist immer in Bewegung. Und ich bin mir sicher, daß Lieselotte Gettert während der Arbeit leise mit ihren Bienen spricht.

VII

Sprache weitet die Welt. In diesem für Sprachzauber unempfänglichen, dem Sprachzauber mißtrauenden Staat Jahrzehnt um Jahrzehnt am Dresdner Elbufer den Hund ausführen, einen eleganten Afghanen, der auch bei der wildesten Jagd nichts von seiner zur Schau getragenen Würde verliert, und ihn, da er am Horizont immer kleiner wird, beim Namen rufen, so daß sich Genossen wie Spießbürger die Ohren zuhalten, während es im engen Elbtal widerhallt: »Eciya!«

Oder: »Mikado!«

Oder: »Gangadhao!«

Oder: »Nepomuk!«

Oben am Weißen Hirsch: Baron Manfred von Ardenne. Unten, mit wehendem Fell über die Wiesen rasend: Eciya vom Isishof, Nepomuk vom Paradiespark. Der ›Adel‹ im Namen verweist auf nichts weiter als eine Zuchtlinie, und dennoch muß sich eine Gangadhao ihrer Noblesse bewußt gewesen sein, hat sie doch einmal die überall herumschnüffelnden ungebetenen Besucher mit ausdauerndem Knurren und Zähnefletschen soweit verunsichert, daß die Mitarbeiter der Staatssicherheit es vorzogen, die Hausdurchsuchung abzubrechen.

»Man muß verlieren können – mit Grandezza«, meint die Besitzerin der heute nur noch auf Photographien und Porträtzeichnungen gegenwärtigen Eciya, Mikado und Gangadhao irgendwann im Laufe desselben Nachmittags, an dem ich sie auch nach den Namen ihrer Afghanischen Windhunde frage, deren Lederleinen im Dämmer der Garderobe hängen. Da ich eines der brüchig gewordenen Halsbänder mit der rechten Hand betaste, meine ich beinahe zu spüren, wie meine linke Hand von einer Hundeschnauze beschnuppert wird, als sei es Zeit, zum Elbufer hinunterzulaufen.

*

Dreizehn Jahre habe der Goldfisch im Aquarium neben ihrem Bett gelebt, erzählt die Freundin, und damit weit länger als seine beiden einäugigen Artgenossen. Morgens weckte er die Hausherrin mit Wasserplätschern, und wenn sie bügelte, schaute er zu und schwamm, ihrer Handbewegung folgend, immer hin und her. Ganz still lag er auf ihrer Hand und betrachtete sie, wenn sie ihn aus dem Becken nahm und in einen Eimer umsetzte, da sein Aquarium gereinigt werden sollte. Am Ende konnte er nicht mehr schwimmen, hing immer mit der Schnauze am Boden und sah ihr, als sie ihn das letzte Mal aus dem Wasser hob, noch einmal groß in die Augen.

Kleiner roter Goldfisch im Aquarium. Bei der Besichtigung des früheren Staatssicherheitsgeländes an der Bautzner Straße fällt mir im Vorraum des unter dem Namen »Fuchsbau« bekannten Zellentrakts im Keller ein leerer Glaskasten auf. Auch hier also wurden, wie überall in DDR-Betrieben, Zierfische gehalten. Ich weiß nicht, ob hinter der Scheibe einmal Moderlieschen aus den Moritzburger Teichen schwammen, oder Stichlinge, die – je nach hormoneller Gestimmtheit – mal mit ihrem diffus grünen Hintergrund zu verschmelzen scheinen, mal kontrastreich gefärbt ihr Revier verteidigen, wobei sie nahezu alles und jeden – selbst einen Menschenfinger – als Feind betrachten, mit einer blitzschnellen Bewegung angreifen, abwehren, bis zur totalen Erschöpfung.

Nein, überlege ich, während der Mitarbeiter der Gedenkstätte erklärt, der eigentliche »Fuchsbau« lasse sich nicht besichtigen, weil er heute zu den Räumlichkeiten eines beruflichen Schulungszentrums im vorderen Gebäudeteil gehöre, nein, es können keine profanen Stichlinge, Moderlieschen oder sonstwelche einheimischen Gründelfische gewesen sein. Die innere Logik eines NKWD, eines Ministeriums für Staatssicherheit, eines Amtes für Nationale Sicherheit verlangt an dieser Stelle nach einem verläßlichen Farbtupfer. Ein trostloser, fensterloser Raum eignet sich noch weit besser dazu, dem eintretenden Häftling eine Ahnung davon zu geben, welches Maß an Trostlosigkeit ihn im angrenzenden Zellentrakt erwartet, wenn das diensthabende Wachpersonal vor seinen Augen Goldfische füttert.

Ob dieses Aquarium am Eingang des »Fuchsbaus« seinerzeit zum Geheimwissen gehörte? Ob seine Existenz sich mit der Zeit in der Stadt herumgesprochen hat? Wenn sie dich durch einen Kellergang führen, an dessen Ende sich eine Tür öffnet, die den Blick auf ein paar rötlich schillernde, aus der grauen Umgebung fast schmerzlich hervorstechende Goldfische freigibt, dann weißt du: Nur noch wenige Schritte trennen dich von der Dunkelzelle.

Aber wer hätte einem diese Warnung mit auf den Weg geben können? Ein Augenzeuge. Ein Hauptamtlicher. Oder ein gebrochener, womöglich umgedrehter Ex-Häftling.

Anfang Dezember 1989 kursierte in Dresden das Gerücht, der KGB halte in einem unter der Elbe gelegenen Tunnel Gefangene in sogenannten »Wasserzellen« fest, wie Wladimir Putin erzählt. Ebenso vermutete man im Keller der Staatssicherheit eine »Wasserzelle«.

Ein Wahnbild? Gezielte Desinformation, verbreitet von Geheimdienstleuten, die sich unter die Demonstranten gemischt hatten? Die aufgebrachte Menge forderte, die »Wasserzellen« zu sehen. Sie wurden nie gefunden, weder im Keller noch unter der Elbe.

Als Ende August 2002 die Elbe nach dem Hochwasser wieder in ihr Bett zurückgefunden hat, entdecken wir am Ufer unterhalb der früheren Zentrale der Staatssicherheit in einer Pfütze zwischen Plastikfolie und Ästen und Getränkekartons im trüben Schlamm blaßrote Flecken: Zwei leicht verletzte, erschöpft wirkende Goldfische.

*

Kleines rotes Hinweisschild an meiner Windschutzscheibe. »FALSCHPARKER. Bitte verlassen Sie diesen Parkplatz oder erwerben Sie ein Nutzungsrecht. Informationen über die Miete erhalten Sie bei der Hausverwaltung. Der Hausmeister.«

Wir haben einen Freund besucht, der erst kürzlich in diese Siedlung an der Bautzner Straße gezogen ist. Früher wohnten hier ausschließlich Hauptamtliche Mitarbeiter der Staatssicherheit. Ja, es waren jeden Tag nur wenige Meter bis zur Dienststelle, ja, die Lage war, mit dem Wäldchen und dem Bach hinter dem Haus, nicht schlecht, ja, die Neubauwohnungen boten Komfort, und ja, in dieser geschlossenen Gesellschaft erübrigten sich Gerüchte, gab es kein Getuschel, welcher Arbeit der Nachbar wohl nachgehen mochte. – Lauter einleuchtende Gründe, lauter kleine Versprechen, um die ›eigenen Leute‹ an einem Ort zusammenzuziehen. Draußen, in der Stadt, fürchtete man in den achtziger Jahren offenbar um die Sicherheit jedes einzelnen Mitarbeiters, die außerdem unter den wachsamen Augen seiner Kollegen viel besser gewährleistet war.

Heute hört man hier Russisch, hört Sprachen aus anderen früheren Sowjetrepubliken. Um so merkwürdiger, daß der Gast beim Einbiegen in das mit einer Tag und Nacht offenstehenden Schranke gesicherte Areal von riesigen selbstgebastelten Schildern begrüßt wird, die über und über mit Sätzen in orthographisch nicht durchgehend einwandfreiem Deutsch sowie mit zahllosen Ausrufezeichen bedeckt sind: Es werde darauf hingewiesen, Privatgelände, Parkverbot, Parkgenehmigung, Parkgebühr und so weiter. – Was es eben in Westeuropa an nahezu jedem Parkplatz in ähnlichen Formulierungen zu lesen gibt, dachten wir, auf dem Weg zu unserem Freund und nicht weiter beunruhigt, weil es sich bei uns schließlich um Besucher handelte.

Selbst der Anblick eines am anderen Ende des Plattenbauriegels breitbeinig auf dem Weg stehenden Mannes beunruhigte mich nicht, solche Typen in Trainingshose und verschwitztem T-Shirt sieht man überall auf der Welt, und immerhin konnte er ja beobachten, wie wir beim Aussteigen dem Freund zuwinkten, während er uns aus dem offenen Fenster seiner Wohnung zuwinkte – als kriminellen »Fremdparker«, der es darauf anlegt, sich widerrechtlich einen Stellplatz zu erschleichen, hätte ich mich nicht bezeichnet.

Kleiner roter Aufkleber an meinem Beifahrerfenster. »ACHTUNG. Dieses Fahrzeug ist mit einer Parkkralle blockiert. Nicht in Betrieb setzen. Die Freischließung kann nur durch den zuständigen Hausmeister erfolgen.«

Unser Freund winkt ab. Jedesmal dieselbe Prozedur. Er wählt die angegebene Telefonnummer, in zehn Minuten, heißt es, habe der Hausmeister Zeit, um die Parkkralle zu entfernen. Es lohnt nicht, darüber nachzudenken, welche rechtliche Grundlage sein Vorgehen hat – soweit ich weiß, gilt in Deutschland bereits das Berühren eines Fahrzeugs als Sachbeschädigung. Wir warten. In zehn Minuten: Der Hausmeister demonstriert uns, daß wir nicht frei über unsere Zeit verfügen. Unsere Zeit liegt in seiner Hand. Er kostet seine Macht aus, zehn, fünfzehn, achtzehn Minuten lang.

Kleiner rotköpfiger Mann beim Meerschweinchengehege. Als wir nach der Ankunft mit unserem Freund auf dem Balkon standen, eine Zigarette rauchten, den Ausblick auf Bach und Wäldchen genossen und erfuhren, die Meerschweinchen in ihrem Gehege auf der Wiese wüßten sehr genau, ob sie von einem harmlosen oder einem gefährlichen Vogel in Augenschein genommen würden, kam ein älterer Herr vorbei.

Mit einem Greifer sammelte er Papier vom Rasen auf, wandte sich uns zu, grüßte, wir grüßten zurück. Unser Freund wechselte ein paar Worte mit ihm, machte einen Scherz: Er solle nur nicht die gefleckten Meerschweinchen mit Abfall verwechseln und in seinen Plastikeimer wandern lassen. Eine Vormittagsplauderei unter Nachbarn, dann war der Mann schon wieder verschwunden, und unser Freund erzählte, welche Namen seine Töchter den Meerschweinchen gegeben hatten.

Als der Hausmeister erscheint, handelt es sich bei ihm nicht – wie ich vermutet hätte – um den Kerl in der Trainingshose, der uns anfangs in Augenschein genommen hatte, sondern um jenen älteren Herrn, mit dem wir zwischenzeitlich ein Balkongespräch geführt haben.

Alles muß nach einem minutiösen Plan abgelaufen sein. Der Turnhosenkerl verständigt den Abfallgreifer. Der Abfallgreifer wartet noch einen Moment, bis die Haustür hinter uns zugefallen ist, dann klemmt er das laminierte »Falschparker«-Schild unter den Scheibenwischer. Er macht eine Runde um das Haus, vergewissert sich, daß wir uns nicht nur ein paar Minuten, sondern länger – wir stehen rauchend auf dem Balkon – bei unserem Freund aufhalten werden, gibt sich Mühe, mit Eimer und Greifer in der Hand nicht allzu eilig zu wirken, verschwindet am Ende des Hauses, läuft auf der anderen Seite in entgegengesetzter Richtung zurück, bringt den Aufkleber am Beifahrerfenster an, montiert schließlich die Parkkralle. Jetzt muß er sich nur noch irgendwo verstecken und auf den Anruf warten.

Originalton Staatssicherheit: »Reden Sie bitte keinen Unsinn, sonst müssen wir Gewalt anwenden.«

Auf dem angrenzenden Gelände gab es einmal einen kleinen Anbau, in dem Vernehmungen durchgeführt wurden. Intern trug er den Namen »Hexenhäusel«.

In den Arrestzellen war der Boden rot lackiert.

Ich habe niemals einem aktiven Hauptamtlichen Mitarbeiter gegenübergestanden, das Ende der Staatssicherheit liegt bald die Hälfte meiner Lebenszeit zurück, und Fuchsbauten, Hexenhäusel sowie rot lackierte Zellenböden werden meiner Vorstellungswelt immer verschlossen bleiben, trotz eindrücklicher Schilderungen von Menschen, die, nur mit einer Pferdedecke versorgt, versucht haben, auf solchen Böden zu schlafen. Was der diensthabende Wachmann zu verhindern wußte.

Und doch empfinde ich, während wir die Siedlung durch die Tag und Nacht geöffnete Schranke verlassen, eine Mischung aus Ohnmacht, Verständnislosigkeit und Wut, als hätte man mir soeben begreiflich gemacht: Jene untergegangene Welt existiert bis ans Ende aller Tage fort.

*

Schlafentzug, im Fachjargon: »Weiße Folter«.

*

Kleines rosafarbenes Mauerstück. Ich weiß nicht, was ich in einer geschlossenen Welt unternommen hätte, um mich einzurichten, ohne darüber wahnsinnig zu werden. Man muß lernen, auch kleinste Räume so zu staffeln, daß sie undurchdringlich erscheinen.

Wie das gehen kann, führen Jean Cocteau und Louis Aragon, ohne sich dessen recht bewußt zu sein, in einem der merkwürdigsten Bücher vor, die in der zweiten Hälfte des zwanzigsten Jahrhunderts veröffentlicht wurden, in ihren *Gesprächen über die Dresdener Galerie*.

Die französische Ausgabe stammt von 1957, besteht aber nicht, wie man erwarten würde, aus Gesprächen nach einem Besuch in Dresden, wo Cocteau und Aragon die 1956 aus der Sowjetunion zurückgekehrten Kunstwerke näher in Augenschein genommen hätten, um ihre frischen Eindrücke auf Tonband festzuhalten, damit sich auch jene westeuropäischen Kunstliebhaber ein Bild von der Gemäldegalerie machen könnten, denen eine Reise in die DDR nicht möglich war.

Die beiden führen ihre lange, schwärmerische Unterhaltung in Paris. Sie kommen offenbar gar nicht auf den Gedanken, daß man Paris verlassen müßte, um die Alten Meister zu würdigen. Um sie gesehen zu haben. Um in Euphorie zu geraten. Cocteau und Aragon betrachten Katalogabbildungen, Ansichtskarten und farbige Reproduktionen auf dem Lichtkasten. Dabei gilt es im Kopf zu behalten, daß beim Kunstdruckverfahren Farben lediglich Annäherungswerte, eher noch Stellvertreter sind und die Wirkung des jeweiligen Formats entfällt. Arbeiten nach der Reproduktion – den Rest, den entscheidenden Rest besorgt die Imaginationskraft. Damit setzen sich die beiden in eine Situation, in der sich bis vor kurzem auch jeder Dresdner befunden hatte, selbst wenn er eine Erinnerung an die Gemälde gehabt haben mag, sofern er sie aus der Zeit vor ihrem Verschwinden in sowjetischen Geheimarchiven kannte.

Ein gestaffelter, mehrfach umgelenkter Blick. Der Kunstdruck der Photographie des Gemäldes – und der imaginierte Weg durch diese gestaffelte Welt zurück, ohne sich gegen die Zweidimensionalität sogenannter Flachware auflehnen zu müssen. Denn die Imagination baut selbst in eine Welt aus Höhe mal Breite Falltüren ein.

So steigert sich Cocteau in Betrachtung einer Schwarzweißabbildung von Canalettos *Platz vor San Giacomo di Rialto in Venedig* in einen Farbenrausch hinein: »Dieser Platz in Venedig«, meint er, »ein beschatteter Abschnitt unter der Loggia, die rosa Wand«, Cocteau zögert einen Augenblick, »sie kann nur rosa sein«, und: »Ich bin sicher«, ehe er kurz einen Blick auf die menschlichen Figuren wirft: »Sieh doch, auf dem Platz stehen Maler und diskutieren.«

Was diskutieren diese Maler, die der Maler ins Bild gesetzt hat – etwa ein kleines rosafarbenes Mauerstück? Der dienstbare Aragon hat eine Farbabbildung zur Hand, und schon beugen sich die beiden diskutierenden Schriftsteller über den Lichtkasten. Cocteau sieht sich bestätigt, die Mauer ist tatsächlich rosa, und läßt sich von diesem leuchtenden Farbeindruck in die Sphäre der Literatur führen: »Ich denke an das Vermeersche rosa Haus, vor dem Proust Bergotte sterben läßt.«

Eine Anmerkung am Ende des Bandes klärt über »eine merkwürdige Farbenblindheit des Gedächtnisses« auf, von der Cocteau befallen sei: Er, »der sich die Mauer bei Canaletto rosa vorgestellt hat«, sehe vor dem inneren Auge »die Mauer in Vermeers *Ansicht von Delft* des Museums in Den Haag rosa, während sie«, wie für Laien in Sachen Proust und Vermeer hinzugesetzt wird, »in Wirklichkeit gelb ist«.

»In Wirklichkeit« – großartig. Nicht nur, daß Cocteau in der Imagination ein gelbes durch ein rosafarbenes Mauerstück ersetzt, die Anmerkung ersetzt zudem ein imaginäres Stück Mauer durch ein »wirkliches«. Denn Proust hat das »kleine gelbe Mauerstück« schließlich nur in die *Ansicht von Delft* hinein erfunden, um Bergotte bei seinem Anblick sterben lassen zu können.

In Wirklichkeit? Ein Hoch auf das zweifache, zweifach imaginäre, gelbe und rosafarbene Mauerstück. Dagegen das ständige, das ermüdende, im Grunde nichts weiter als realitätsferne Beharren auf ›Authentizität‹. Wer alles auf ›Authentizität‹ festnageln will, wer sich gar bereitwillig auf ›Authentizität‹ festnageln läßt, steht und fällt eben mit dieser ›Authentizität‹. Und die Welt zieht sich im Nagelkopf zusammen.

Wer seit seiner Kindheit Bücher in der Hand hält, entwickelt mit der Zeit eine gewisse optische, in diesem Fall sogar eher taktile Sensibilität, die ihm, noch ehe er ein Wort gelesen hat, auf die Spur der Herkunft eines Buches führt. Ich spüre, die *Gespräche über die Dresdener Galerie* müssen aus der DDR stammen, meine Fingerbeeren sagen es mir ebenso wie meine Augen. Ich erkenne es am grob strukturierten, blaßgrauen Leineneinband. Im Impressum steht: »Stuttgart: Belser 1981«, die Angabe des Druckortes aber lautet tatsächlich: Leipzig.

Die Staffelung des geographischen wie des geistigen Raumes: Ein Buch von zwei Autoren in Paris, die über die Alten Meister sprechen, als befänden sie sich auf einem ausgedehnten Rundgang durch die Galerie, und dann werden die Exemplare dieses Buches von Leipzig in den Westen exportiert. Ob es auch eine Ostausgabe gegeben hat? Konnte ein Dresdner – in umgekehrter Staffelung – die Gespräche über Reproduktionen von Gemälden lesen, um dann ins Museum zu gehen und die Beschreibungen und Eindrücke der beiden Schriftsteller am Original abzugleichen?

»Am Original abgleichen« – hier lauert allerdings schon wieder ein unguter Geist der kleinen Welt.

*

Ein gemalter, ein photographierter und ein lebendiger Hund schnappen nach der Geschichte. Der Gemalte hing eine Weile in der Caféteria der Sammlung Neue Meister an der Brühlschen Terrasse. Wer um das Bild wußte, konnte es bei Rundgängen anläßlich von Ausstellungseröffnungen durch die Glastür – abends ist die Caféteria geschlossen – in einem Winkel gleich neben der Theke erspähen. Fünfzig mal fünfzig Zentimeter, Öl auf Leinwand, Grau in Grau, 1967 nach einer Photographie entstanden.

Tagsüber werden die Besucher an diesem gemalten Hund vorbeigegangen sein, ohne ihm weiter Beachtung zu schenken, wie man an einem lebendigen Hund vorbeigeht, der zu Füßen seines Herrn unter dem Kaffeehaustisch liegt. Es sei denn, es handelte sich um den Hund eines berühmten Mannes. Aber niemand erwartet einen Gerhard Richter im Museumsbistro.

Das Porträt eines Cairn-Terriers, Vertreter einer Rasse, die seit Beginn des zwanzigsten Jahrhunderts gezüchtet wird. Ihren Namen hat sie von den aufgeschichteten Steinpyramiden im schottischen Hochland, den Landmarken, Erinnerungsmalen, in denen der such- und grabefreudige Hund Füchse, Dachse, Otter aufspürt. Die dramatischen Farbveränderungen, die das Fell eines Cairn-Terriers durchlaufen kann, bis er erwachsen ist, sind den Züchtern bis heute ein Rätsel. Ähnliche Terrier findet man schon auf Bildern aus dem fünfzehnten Jahrhundert. Und zunächst scheint es, als lasse sich dieses Gemälde mühelos in die lange Tradition von Tierporträts einreihen, in eine Galerie, in der berühmte Rennpferde neben hervorragenden Jagdhunden hängen, die ihren Besitzern nicht nur Jagd-, sondern Lebensgenossen gewesen sind. Das Bild heißt *Jockel*, wie der Porträtierte.

Aber dies ist ein Tierporträt, als habe Gerhard Richter einen Menschen gemalt. Das Gesicht füllt die Mitte der Leinwand aus, das zottelige Fell reicht bis an die Ränder, man sieht den Hund aus nächster Nähe, seine glänzende Nase scheint die Bildoberfläche zu berühren. Unwillkürlich sucht der Betrachter Jockels Blick, sucht, seinen Blick auf sich zu lenken, er aber schaut unverwandt an seinem Gegenüber vorbei. Sofern es sich bei der Vorlage nicht um eine Ausschnittvergrößerung oder um eine Aufnahme mit dem Zoom gehandelt hat, muß der Photograph dem Hund sehr vertraut gewesen sein, daß der ihn so nah an sich heranließ, ohne ihn zu fixieren.

Der lebendige Cairn-Terrier mit dem Namen Jockel ist ein Hund, den ich nur vom Erzählen kenne. Er gehörte dem Kunsthistoriker Will Grohmann, dessen Monographien über Klee und Kandinsky bis heute Standardwerke sind, derselbe Grohmann, der Samuel Beckett im Februar 1937 bei seinem Besuch in Dresden die Tür zur Privatsammlung von Ida Bienert öffnet. Fünfzig ist Will Grohmann damals, und sein Auge immer begierig, neue, unkonventionelle, nonkonforme Kunst zu sehen. Oder einen kunstbegierigen jungen Schriftsteller aus Irland, der während seiner Dresdentage eine Verlagsabsage für sein Romanmanuskript *Murphy* erhält – mit dem heute berühmten Anfangssatz: »Die Sonne schien, da sie keine andere Wahl hatte, auf nichts Neues.«

Die Wanderausstellung »Entartete Kunst« wird erst eröffnet, nachdem Beckett abgereist ist, in den Neuen Meistern erklärt man ihm, die bereits abgehängten Werke der Moderne könne er auch im Depot nicht sehen. Bei Ida Bienert bewundert er Kandinskys *Träumerische*

Improvisation. Er erhält Will Grohmanns Katalog der Sammlung zum Geschenk – nur müsse er auf seiner weiteren Deutschlandreise peinlich darauf achten, daß kein Mensch einen Blick in dieses Verzeichnis verborgener Bilder wirft.

Grohmann führt Beckett in die Dresdner Gesellschaft, die Dresdner Kunstgesellschaft ein, und Beckett hat sich, auf seine diskrete Art, bei ihm bedankt, indem er Grohmann 1945 in *Die Welt und die Hose* als einen der größten Kunstkritiker erwähnt. Er erinnert sich daran, wie Grohmann bei Kandinsky die »mongolische Linienführung« nachgewiesen habe.

Nach 1945 erlebt Will Grohmann in Dresden bald, daß sich seine Vorstellung von neuen Perspektiven auf die Welt, wie sie die Kunst – und eben nur die Kunst – entwerfen kann, kaum mit der neuen Kunstdoktrin verträgt. »Die Sonne schien, da sie keine andere Wahl hatte, auf nichts Neues.« Er verläßt die Stadt, geht in den Westen, nach Berlin. Und stirbt, auf der Schwelle wieder einer neuen Zeit, am 6. Mai 1968 – das Attentat auf Rudi Dutschke liegt wenige Wochen zurück, in Westberlin wie in Paris errichten die Studenten Barrikaden. Jockel war Grohmanns letzter Hund.

Jockel, diese Freundschaftsarbeit Gerhard Richters für Will Grohmann, gehört nicht eben zu den bekannten Werken des Malers, der die durchphotographierte Welt mit dem Pinsel bearbeitet hat – wofür die Welt sich rächt, indem sie Richters Werk durchphotographiert. In Katalogen würde man vergebens nach *Jockel* suchen, selbst in den Werkverzeichnissen taucht das Gemälde nicht auf, bis es Anfang der neunziger Jahre aus Privatbesitz in die Sammlung Neue Meister übergeht.

Der Jockel, den ich vom Erzählen kenne, hat seinen Besitzer überlebt. 1970 wird er zum Zeugen einer sich im verborgenen abspielenden Geschichte, um daraufhin, wie sein Porträt, nahezu herrenlos geworden, aus dem Blickfeld zu verschwinden. Denn 1970 will die Schwägerin Will Grohmanns, aus Dresden kommend, seine Witwe, ihre jüngere Schwester, in München besuchen und findet bei der Ankunft eine Tote. In der Vorbereitung ihres Selbstmords hat sie, den Zugfahrplan studierend, vorausberechnet, welcher Mensch als erstes ihren Leichnam sehen wird. Wo sich in jenem Augenblick der Hund aufhält, wage ich nicht zu fragen, als ich, nach mehr als dreißig Jahren – wir schauen gemeinsam alte Photographien an – von diesem Moment einer bis heute anhaltenden Gegenwart erfahre. Während die große Schwester auf der Reise ist, weiß die kleine Schwester schon, es wird kein Wiedersehen geben.

Der lebendige Jockel wird in die Obhut zweier älterer Damen in München gegeben, ihn mit nach Dresden zu nehmen kommt nicht in Frage. Damit verliert sich seine Spur. Der *Jockel* Gerhard Richters bleibt im Westen, bis er eines Tages nach dem Ende des Kalten Krieges unvermutet an der Wand eines Museumsbistros in den Neuen Meistern erscheint. Wo die Photographie, die Vorlage für das Porträt, abgeblieben sein könnte, ist unbekannt.

Selbst vom gemalten Tier erwarten wir noch eine Regung, erwarten eine Reaktion auf uns, seine Betrachter. Nicht, daß der Hund müde wirkte, so, wie er die Vorderpfote unter die Schnauze geschoben hat. Jockel, ein Hund, der von moderner Kunst umgeben war. Die wachen Augen. Das Zentrum seiner Aufmerksamkeit liegt ein wenig links vom Bild, von uns. Sei es, daß er in einen

Anblick versunken ist, sei es, daß er jeden Moment aufspringt, um das Objekt seines Interesses genauer zu untersuchen, einer Spur zu folgen.

Ein Terrier will graben.

*

»Wiederaufnahme der *Weißen Tafeln* der sechziger Jahre mit neuentwickeltem Material in verschiedenen Größen«, vermerkt Wilhelm Müller unter der Rubrik »ab 1986« in seinem auf den 10. Juni 1989 datierten Werklauf, einem der wenigen von ihm für die Öffentlichkeit bestimmten schriftlichen Zeugnisse. Es läßt sich nur vermuten, daß es sich bei diesen *Weißen Tafeln* um jene Arbeiten handelt, die mir vier Jahre nach Wilhelm Müllers Tod im November 1999 anschaulich beschrieben worden sind. Demnach sei der Maler eines Tages auf die Idee gekommen, eine Reihe sehr sorgfältig gearbeiteter Platten etwa im Format von fünfundzwanzig mal fünfunddreißig Zentimetern anzufertigen, nichts als wunderbar behandelte Oberflächen in einem gleichmäßig weißgrauen Ton, ohne jeden Strich, jede Struktur. Bezeugt sind mindestens zwei Tafeln, doch wüßte ich nicht zu sagen, ob es sich nun um ein Paar oder um eine Serie handelt, und wie bei so vielen Werken Wilhelm Müllers ist mir unklar, in wessen Besitz sie sich befinden oder wo sie hängen. Es heißt, Wilhelm Müller sei auf diese weißen Flächen stolz gewesen, die Freunde aber, denen er sie überließ, bildende Künstler wie er, waren offenbar teils enttäuscht, teils entsetzt.

Mich haben die im Verlauf der lebhaften Beschreibung mit Worten und mit Händen in der Luft genannten

Maße aufmerken lassen: Denn diese fünfundzwanzig mal fünfunddreißig Zentimeter stimmen auffälligerweise mit den Abmessungen des sogenannten *hanshi* überein, dem in Japan für die klassische Pinselschrift verwendeten Papier, das in der Höhe zwischen dreiunddreißig und fünfunddreißig, in der Breite zwischen vierundzwanzig und sechsundzwanzig Zentimetern leicht variiert. Demnach hätte Wilhelm Müller einen Karton oder eine Hartfaserplatte zunächst bis zur äußersten Unauffälligkeit bearbeitet, er hätte das, was man als Grund zu betrachten gewohnt ist, so ausdauernd und akkurat behandelt, bis der Farbauftrag erneut als Grund erscheint, um dann in einem letzten Arbeitsschritt aus dem japanischen Hochformat ein Querformat werden zu lassen.

Die Fiktion will es, daß eine Woche vor Wilhelm Müllers sechsundfünfzigstem Geburtstag, am 12. März 1974, in Prag Vertreter staatlicher Stellen an der Tür des verstorbenen Barons von Utz läuten, um dessen Teil einer vor langem getroffenen Abmachung einzufordern: Utz, der Hauptfigur von Bruce Chatwins Roman, wurde zugesagt, die in seiner Wohnung gehortete Privatsammlung von Meißner Porzellan bleibe zeit seines Lebens unangetastet, im Gegenzug aber hat sich der Baron verpflichtet, die seltenen Stücke nicht außer Landes zu bringen, so daß die Sammlung nach seinem Tod vollständig dem Staat zufallen kann.

Da niemand öffnet, verschafft man sich Zugang zur Wohnung. Sie ist leer. In den Glasvitrinen zeugen nur die blanken Stellen inmitten einer feinen Staubschicht davon, daß hier bis vor kurzem die wertvollen Meißner Stücke der Sammlung Utz gestanden haben müssen.

Was Chatwin, selbst ein Porzellankenner und, ehe er Schriftsteller wurde, Mitarbeiter bei Sotheby's, hier erfunden hat, beruht auf einem tatsächlichen Fall: Ende der neunziger Jahre ist die verschollene Sammlung des Romanvorbilds Rudolf Just wieder ans Licht und im Dezember 2001 zur Versteigerung gekommen.

Diese Geschichte kommt mir in den Sinn, als ich von einer Episode höre, die sich kurz vor Wilhelm Müllers Tod zugetragen haben muß. Mit dem Ende der DDR ist für ihn, der sich vorher erlaubt hat, mitunter Monate an einem Blatt, über Jahre hinweg an einem Objekt zu arbeiten, auf einmal ein Markt entstanden. Früher hat er seine Arbeiten verschenkt, jetzt gibt es Kunden. Auch ein Auktionshaus interessiert sich für Müllers Sammlung von Kunstgegenständen aus verschiedenen Kulturen, für eigene und fremde Arbeiten in seinem Besitz. Als Wilhelm Müller allerdings einen Mitarbeiter des Auktionshauses empfängt, findet der – wohl darauf vorbereitet, Bilder und Plastiken zu begutachten, gar zu taxieren – weitgehend leere Räumlichkeiten vor. Ehe der Markt endgültig Zugriff erhält, hat Müller seine Sammlung verschwinden lassen. In welcher Atmosphäre die Begegnung im leeren Apartment verläuft, weiß ich nicht. Mag sein, in Wilhelm Müllers Augen blitzt der heimliche Triumph, mag sein, es ist ihm einfach lästig, der Blick geprägt von einem Schmerz, den ihm niemand, kein Freund, kein Arzt, kein Auktionator nehmen könnte.

»Wir sagen nichts«, soll Wilhelm Müller geantwortet haben, als er auf die Zusammenkünfte der Quäkergemeinde in Dresden angesprochen wurde: »Was sagt ihr da?« Sei es, daß ihm diese Frage in dem Moment zu vorwitzig erschien, sei es, daß Wilhelm Müller auch ein Künstler des Schweigens war – welche Beweggründe er jeweils hatte, wenn er ein Gespräch begann, einem Gespräch aus dem Weg ging oder ein Gespräch abrupt beendete, haben vor allem in der späten Zeit selbst Menschen nicht nachvollziehen können, die ihn viele Jahre kannten.

Auch wenn ich mich an den Anlaß nicht mehr erinnere, weiß ich, daß wir uns kennenlernen, kurz nachdem ich von Köln nach Dresden gezogen bin, vermutlich bereits im Sommer 1996. Sofort ist das Gespräch eröffnet. Es kommt zu drei, höchstens vier Begegnungen, die ich als ungeheuer intensiv erlebe und im Gedächtnis behalten habe. Vielleicht, denke ich, war die Begegnung mit Wilhelm Müller meine erste, prägende Osterfahrung. Er leiht mir drei Bücher: *Fremd unter meinesgleichen. Erinnerungen eines Dresdner Juden* von Helmut Eschwege, *Im Auftrag der Kirche. Erinnerungen und Erfahrungen aus den letzten zwei Jahren der DDR* von Johannes Rau und Robert Lowrys Roman *Die falsche Sanftmut des Schnees*.

Der Brotberuf habe ihm zur größtmöglichen Freiheit in der künstlerischen Arbeit verholfen, sagt Wilhelm Müller, sonst ist in unserem Gespräch von seiner Tätigkeit als Stomatologe kaum die Rede. Daß er seine Präzision im Umgang mit dem Silberstift der langjährigen Handhabung zahnärztlicher Instrumente zuschreibt, erfahre ich erst später. Weit mehr Raum nehmen seine kunsthistorischen Erkenntnisse ein, das frühe Interesse an Ostasien, seine Sammlertätigkeit bereits in der zweiten Hälfte der fünfziger Jahre, als er in Welzow an der

Poliklinik arbeitet. Er spricht von Teppichen, für die er wie für Porzellan ein ausgewiesener Fachmann ist. Objekte liegen in seiner Hand, das haptische Moment, das Stoffliche spielt eine große Rolle. Objekte, die durch seine Hände gehen: Mehrfach geschieht es, daß er Gegenstände, ganze Sammlungen, mit denen er einige Jahre lang gelebt hat, gegen andere eintauscht oder einfach fortgibt, weil sie ihm nichts mehr sagen.

Ab Frühjahr 1999 verschieben wir ein nächstes Treffen immer wieder, es sei so viel zu tun im Moment, wir wollen auf ruhigere Zeiten warten, ich schiebe diese Bemerkung selbstverständlich auf Ausstellungsvorbereitungen, Wilhelm Müller aber ist offenbar längst mit anderem befaßt: Er hat sein Atelier gekündigt, löst nach und nach seine Sammlung auf, verschenkt, verkauft, gibt Arbeiten an Künstler zurück, dann räumt er sein Apartment und erkundigt sich nach einer Grabstelle auf dem Loschwitzer Friedhof. Gelegenheit, ihm die geliehenen Bücher zurückzugeben, erhalte ich nicht mehr, und damit bricht auch das Gespräch jäh ab.

Natürlich handelt es sich um keine tiefere Erkenntnis, daß Wilhelm Müller für eigene Tafeln die Maße des *hanshi* übernommen hat: Er ist nicht nur ein Kenner der Materie, er arbeitet mit Vorliebe auf Japanpapier, verwendet japanischen Mehrfarbenbuntstift, und schafft, da sein Atelier nur während der Sommermonate benutzbar ist, in den Wintern 1984 bis 1986 in seiner Wohnung den *Japanischen Zirkus*, nachdem seine Aufmerksamkeit der Wintermonate seit 1978 dem *Spiel mit Silberstift* gegolten hat.

Dennoch erhellt dieses Moment einen Grundzug seiner Arbeiten: Bei aller Klarheit, Beschränkung, Offenkundigkeit bleibt dem Betrachter immer etwas zu entdecken. Nicht in dem Sinne, daß es sich um Vexierbilder handelte, sondern indem der Betrachter die Struktur erfaßt, um daraufhin an einem Detail, einem der wesentlichen Elemente hängenzubleiben: etwa, im Fall dieser Tafeln, an der Zentimenterangabe. Ich weiß nicht, ob Wilhelm Müller das Folgende tatsächlich einmal im Gespräch formuliert hat: »Doch wirklich intensiv erlebe ich nur die kleinsten Wahrnehmungen allerkleinster Dinge. Vielleicht hat dies mit meiner Vorliebe für Belangloses zu tun. Oder aber mit meinem besonderen Interesse für das Detail.« Sollte dem allerdings so sein, dann hätte er Sätze geäußert, die sich auch im *Buch der Unruhe* von Fernando Pessoa finden.

Daneben müssen die gleichmäßig weißgrauen Flächen auch vor einem anderen Hintergrund gesehen werden, gibt es einen zweiten Verweiszusammenhang. Carl Rade, als dessen »Enkelschüler« Wilhelm Müller sich begriff, soll, als ihm seine Studenten einmal beim Umzug halfen, angesichts einiger fest verschlossener Pakete darauf hingewiesen haben, diese seien absolut tabu. Die Helfer trugen das geheimnisvolle Gut den Anweisungen gemäß zum Wagen, ohne hineinzuschauen. Ein Paket aber fiel zu Boden, die Verpackung riß auf, und zum Vorschein kam nichts weiter als ein Stapel weiß grundierter Papptafeln. Indem Wilhelm Müller seine weißen Flächen an Radeschüler und -verehrer gibt, mißt er nicht nur die Qualität der eigenen Oberflächengestaltung wie in einem Wettstreit an der des Vorbilds, sondern deckt das Geheimnis des Meisters in ernstem Spiel noch einmal auf.

Das Unscheinbare, das vordergründig Unbedeutende: Wilhelm Müller besaß einen nicht weiter auffällig wirkenden Papierschnipsel aus dem Nachlaß von Hermann Glöckner, der Müller in den sechziger Jahren als Schüler annahm, dem er Zugang zu seinem Atelier gewährte. Das Privileg galt nur so lange, wie der Lehrer glaubte, es mit einem Zahnarzt, nicht aber mit einem Kollegen zu tun zu haben, der dahinter kommen könnte, auf welch einfachen Grundlagen, etwa der Papierfaltung, die eigene Arbeit beruhte. Sicherlich war dieser Schnipsel kein entscheidendes Stück im Werk Hermann Glöckners, und doch konnte Müller anhand der wenigen Linien, vielleicht einer Schraffur nachweisen: Hier ist Glöckner der Frage nach dem Minimum an Gestaltung nachgegangen, um aus einem abgerissenen Stück Papier eine geschlossene Form werden zu lassen.

Carl Rades Weißgeheimnis, Hermann Glöckners Faltgeheimnis: Wilhelm Müller gibt seine Geheimnisse, Ergebnisse langjähriger Erkundung seines Materials, freimütig weiter. Denn bei aller Begeisterung für das Können, das handwerklich gut Gearbeitete bleibt klar, das Geheimnis kann sich nicht in der Herstellungsweise erschöpfen, das Geheimnis findet sich in der Arbeit, wie sie an der Wand hängt oder auf dem Tisch liegt. Der Weg mag sich aufdecken lassen, das Ergebnis nicht.

Bei unserer letzten Begegnung stehen wir am Fenster in seinem Apartment und schauen Richtung Westen. Den Ausblick, diese Fensterfront wolle er nicht missen, auch wenn die Wohnung hier im sogenannten Riegel auf der Prager Straße nicht besonders schön sei, klein, er arbeite jetzt meist in der Dusche, nur noch mit dem Silberstift.

Seine Sehschärfe läßt dramatisch nach, darüber spricht er nicht. Sein Rücken ist kaputt, bald wird er kaum mehr gehen können. Von seinem Bluthochdruck, von seiner Krankheit und den Schmerzen spricht er nicht.

Als dieses Haus, in dem er seit fast dreißig Jahren lebt, gebaut wird, gestalten die Architekten eine eben erst beräumte Fläche. Sie gliedern den leeren Raum, indem sie ihn erneut zu Dresdens leerer Mitte werden lassen. Als wir gemeinsam aus einem der oberen Stockwerke auf die rechtwinkligen Bodenplatten, das Dach des Pavillons, die gegenüberliegende Ladenzeile, auf Waschbeton und Springbrunnen hinunterschauen, steht in der Fußgängerzone unter uns nicht einmal mehr die Leninstatue, die bis vor wenigen Jahren den Hauptbahnhof im Blick gehalten hat.

In der Nacht vom 4. auf den 5. Oktober 1989 hat Wilhelm Müller zuerst am Bahnhof, dann von seinem Fenster aus beobachtet, wie sich der leere Raum mit Menschen füllte. Die Vorgänge dieser Nacht und der folgenden Tage haben ihn tief bewegt, wie er Freunden auf Postkarten geschrieben hat und nun auch mir berichtet. Als die Polizisten auf jene eindroschen, die in die Nähe der Züge zu gelangen suchten, in denen man die sogenannten Ausreisewilligen auf einem Umweg über Dresden von Prag in die Bundesrepublik transportierte, seien die Demonstranten, die Neugierigen, die Passanten zwar zurückgewichen, hätten sich aber irgendwann nicht mehr, wie es von staatlicher Seite gewünscht war, zur Erwiderung der Gewalt provozieren lassen. Der Mut zur völligen Selbstauslieferung habe ihm, als Quäker dem radikalen Gewaltverzicht verpflichtet, imponiert.

Jetzt aber blicken wir in einen menschenleeren Raum.

Rechtwinklig abgegrenzte Flächen, eine rote Linie, Schattenstreifen, Silberglanz, als hätten wir eine Arbeit von Wilhelm Müller vor uns. Aber dies sind keine Hartfaserplatten, hier wird nicht mit Alusil gesprayt, mit Silbertinte sorgsam ein Strich nachgezogen. Es ist der Boden, auf dem in einer menschenleeren Novembernacht zehn Jahre nach den Ereignissen am Hauptbahnhof der Maler Wilhelm Müller liegen wird.

Zurück bleibt eine leere Wohnung. Verschwunden sind die Fähigkeiten, Vorlieben, Kenntnisse, Bilder und Worte Wilhelm Müllers, alles, was sich – wie so vieles in dieser kaum erkennbaren Stadt – nur in den Händen und im Kopf befindet. Wie jene sorgfältig gearbeiteten, gleichmäßig weißgrauen Tafeln von Wilhelm Müller, die ich nur vor dem inneren Auge sehen kann.

*

Wenn ich versuche, mich an den 9. November 1989 zu erinnern, sehe ich nicht die mit einemmal durchlässigen Grenzanlagen in Berlin vor mir, sehe keine Menschenmengen oder im Gedränge stockenden Wartburg- und Trabant-Kolonnen. Statt dessen kommt mir mein erster eigener Wagen in den Sinn.

Der Händler, bei dem ich den nachtblauen Fiat 127 im Frühherbst 1989 erstand, führte eine Autowerkstatt in einem der rund um die Uhr von Geschäftigkeit geprägten, zugleich aber tot wirkenden Gewerbegebiete in der zersiedelten, eng gewordenen Gegend zwischen Köln und Neuss. Dort ein Abschleppwagen mit laufendem Motor am Straßenrand, hier das erleuchtete Fenster eines Speditionsbüros, im Hintergrund das Klimpern von

Metall aus einer offenen Halle, doch nirgendwo ein Mensch. Von allein wäre ich wohl kaum auf die Idee gekommen, mich in diesem Zwischenreich auf die Suche nach einem Firmenschild mit der Aufschrift LICHTHORN zu machen.

Bei Lichthorn, einem sorbischen Kfz-Mechaniker, ließen die Sorben aus dem Kölner Raum ihre Autos reparieren, und da der Vater meiner damaligen Freundin Sorbe war, schickte man nun auch mich zu dieser Werkstatt, auf deren Hof immer ein paar Gebrauchtwagen auf neue Besitzer warteten. Der Preis für den Fiat 127 einer entfernten, aus der Oberlausitz stammenden Verwandten, von der man wußte, daß sie pfleglich mit ihm umgegangen war, wurde in Hintergrundtelefonaten von Sorbe zu Sorbe ausgehandelt. Beim Autokauf, so schien es, war alte Pferdehändlerehre mit im Spiel.

Über diese Familien- und Lebenszusammenhänge tauchte ich, der ich weder mit der DDR noch mit Ostdeutschland besondere Vorstellungen verband, in eine für mich neue Sphäre ein, begriff etwas von der gleichzeitigen Existenz verschiedener Welten, von unsichtbaren Grenzziehungen, die sich weder auf der Landkarte noch in Ideologiehandbüchern fanden. – Sei es auch nur in Form jener Herablassung gegenüber Ostdeutschen, an der im Westen schon vor dem November 1989 kein Mangel herrschte. Einmal ein Kellner zur Mutter meiner Freundin: »Armes Mädchen, hast du nur einen aus der Kalten Heimat abgekriegt?«

Seit dem Bau der Mauer waren fast dreißig Jahre vergangen – und man mußte immer noch auf derartige Bemerkungen gefaßt sein. Wer nicht in Selbstmitleid verfallen will, wird da zum Stoiker. Kein Wunder auch, daß die Auswanderung der aus der Gegend um Kamenz stammenden Familie väterlicherseits nicht als Flucht- und Furchtgeschichte, sondern als Abfolge von Abenteuerreisen erzählt wurde: In der Zeit vor dem Mauerbau unternahm eine Schwester einen Ausflug ins Rheinland – und verspürte keinen Drang, in die dörflichen Strukturen der Oberlausitz zurückzukehren. Also schickte man ihr einen Bruder hinterher, der sie nach Hause bringen sollte – doch auch ihm gefiel es in Köln. Woraufhin die nächste Schwester auf die Reise ging – und so weiter, bis schließlich sämtliche Geschwister im Kölner Raum vereint waren, noch ehe die Grenze abgeriegelt wurde. Erst mit dem 13. August 1961 änderte sich der Ton der Erzählung. Nach diesem Datum, als es darum ging, die zurückgelassenen Eltern in den Westen zu holen, wandelte sich die Reise- zu einer Ausreisegeschichte. Und damit war sie zu Ende.

Meinem Wagen, mit dem ich sehr zufrieden war, obwohl er häufig in die Werkstatt mußte, verdanke ich es, die Vorgänge um den 9. November 1989 nicht ausschließlich aus meiner westdeutschen Perspektive mitbekommen zu haben. Die nächste Generation von Sorben machte sich auf den Weg an den Rhein, vielleicht für ein paar Wochen, vielleicht für immer. Jedesmal, wenn ich bei Lichthorn auftauchte, sah ich neue Gesichter. Wieder war ein junger Mann aus der weiteren Verwandtschaft oder der Sohn eines früheren Nachbarn eingetroffen, den es dorthin gezogen hatte, wo er an VWs herumschrauben konnte. Rasch wurde ein regelmäßiger Pendelverkehr zwischen dem Rheinland und der Oberlausitz eingerichtet, wurden Unterkünfte und Arbeitsmöglichkeiten für die Neuankömmlinge organisiert. Für Tüftler aus Bautzen, Kamenz oder Dresden waren die Ölpfanne und der Blinker meines nachtblauen Fiat 127 eine willkommene Prüfung – wer sie bestand, durfte auch einen liegengebliebenen Golf fahrtüchtig machen. Das alles verfolgte ich vom Rand her schauend, aber aus der Nahsicht. Was allerdings in den Köpfen der ausgewanderten wie der nachkommenden Sorben vorging, weiß ich nicht.

Der Vater meiner Freundin reagierte auf den inneren Widerstreit zwischen Skepsis und Euphorie mit ›Sachlichkeit‹. Und nahm die Ereignisse jenseits der Grenze in Form von Fernsehbildern wahr, die er mit knappen Worten kommentierte. Man müsse sachlich bleiben – das hieß nichts anderes, als daß er sich angesichts der geflohenen Ungarnurlauber, der Montagsdemonstrationen und der Grenzöffnung selber vor übertriebenen Erwartungen warnen wollte. Er blieb der Stoiker, zu dem er im Westen geworden war. Wenn ich aber überlege, wann er mir zum erstenmal von seiner Ausreise erzählt hat: es könnte genau in dieser Zeit gewesen sein. Sein Bruder dagegen war der erste, der einen reparierten VW-Golf in den Osten überführte – die innere Bewegung wurde in äußere Bewegung umgewandelt. Heute sehe ich ihn neben seinem Sohn unter den Teilnehmern der alljährlichen Reiterprozession, wenn im Hof des Klosters in Panschwitz-Kuckau die Osterreiter empfangen werden.

Von »Ostdeutschen«, gar von »DDR-Bürgern« war in der Familie keine Rede. Auch einen Begriff wie »Volk« habe ich nie gehört. Möglicherweise hat das damals bald selbstverständliche sorbische Hin und Her zwischen Osten und Westen bei mir zu der – wenn auch nur halb bewußten – Vorstellung geführt, der Raum von Dresden bis Bautzen sei gar kein Teil der DDR gewesen, es habe sich gewissermaßen um exterritoriales Gebiet gehandelt.

Im November 1989 fuhr ich regelmäßig auf der A 4, die einmal quer durch das gesamte Land hatte verlaufen sollen, in Richtung Osten, an meinen Studienort Siegen. Ich saß in einem dunkelblauen Auto mit Kölner Kennzeichen, das aus der Ferne fast einem Trabant ähnelte, während mir Wagen mit DDR-Kennzeichen entgegenkamen: Die kurze Phase, in der das Betätigen der Hupe einmal nicht als Beleidigung aufzufassen war.

Alles erschien mir nah und sehr fern zugleich. Ich lernte Ortsnamen kennen, die ich noch nie gehört hatte, lernte Wörter, die für mich seitdem an einem langen Faden aufgereiht neben anderen hängen, aus deren Nachbarschaft sie sich nicht mehr herauslösen lassen: Krabat etwa, Kroate, Krawatte. Ein Name wie Klotzsche, ein Name wie Ottendorf, oder Okrilla – nichts hätte unwirklicher klingen können, damals im November 1989, aber wäre jemand gekommen und hätte gesagt: Laß uns nach Ottendorf-Okrilla fahren, ich wäre eingestiegen, ohne zu zögern.

Ich erinnere mich an den Juni 2007, als wir auf der Suche nach Atelierräumen in Dresden umherstreiften und aufgelassene Fabrikgelände, unvermietbare Büroetagen, seit 1990 ungelüftete Abschreibungsobjekte besichtigten. Einmal ein Betriebsleiterbüro mit gepolsterter Tür, Sitzgruppe, weit ausladendem Schreibtisch, eine Wiedervorlagemappe und das Telefon in Griffweite, der Sessel stand schräg zur Fensterfront, als wäre der Chef mitten im Modernisierungsschub nur rasch auf die Toilette gegangen. Ein anderes Mal ein langgestrecktes Zimmer mit Ausblick auf die Elbhänge, es zog einen unwillkürlich ans Licht, im Rücken stapelten sich Kartons und

Aktenordner bis zur Decke. Man habe Lagerplatz gebraucht, erklärte der Hausmeister, doch wußte er vermutlich selbst nicht mehr, was dort zu welchem Zweck gelagert wurde. Ich wollte es auch nicht wissen. In meinem zwölften Dresdner Jahr strahlten solche Räume nichts Verwunschenes mehr aus.

An einem heißen Vormittag hatten wir einen Termin im Norden der Stadt, weit draußen in einem Wald- und Gewerbegebiet mit Autowerkstätten, Altwarenhändlern, Computerfirmen. Außer ein paar Objektschützern in Phantasieuniformen, die vor der Niederlassung einer Sicherheitsfirma am Straßenrand rauchten, war nirgendwo ein Mensch zu sehen. Keine Enge wie zwischen Köln und Neuss, hier konnte man sich einbilden, in einer unendlichen Waldlandschaft herumzufahren, und dennoch wirkte die Gegend um nichts lebendiger. Als uns ein Zaun den Weg versperrte, wußten wir, wir hatten die entscheidende Abzweigung verpaßt. Hinter Gestrüpp erkannten wir die Landebahn des Flughafens. Es war, als seien die zahllosen Kiefern und Birken nur gepflanzt worden, um für Desorientierung zu sorgen und die Gebäude zu verbergen, in denen man während der fünfziger Jahre das erste und einzige deutsche Düsenpassagierflugzeug entwickelt hatte, dessen Prototyp beim Probeflug auf einem Acker im weiteren Umland zerschellen sollte.

Ein zuvorkommender Verwalter führte uns dann durch den Seitenflügel eines schlichten, solide gemauerten Gebäudes, ehemalige Werkstätten, ein Verwaltungstrakt und Schulungsräume, er schloß Zimmer um Zimmer auf, schlug vor, Wände herauszunehmen, Sanitäranlagen in Ordnung zu bringen, war schon voller Vorfreude auf neue Mieter. Möglicherweise hätte man die Kaltmiete mühelos auf fünfundsiebzig Cent pro Quadratmeter drücken können – und trotzdem: Nein, es ging nicht, es schnürte mir den Hals zu, um nichts in der Welt hätte ich mich in diesen Räumlichkeiten länger als nötig aufhalten wollen.

Nachher saßen wir auf der morschen Parkbank in einer kleinen Grünanlage, wo vielleicht früher die Beschäftigten aus den umliegenden Gebäuden ihre Mittagspause verbracht hatten. Wir wogen Vor- und Nachteile ab, der günstige Preis, ein Mietvertrag zum Beginn des folgenden Monats, dagegen die kleinen, vergitterten Fenster, die niedrige, mit Lamellen verkleidete Decke. Ich sah wieder die unentschieden zwischen Eierschalfarben und Grau changierenden Verblendungen über den Fußleisten vor mir, mit deren Hilfe man die nachträglich gezogenen Leitungen hatte kaschieren wollen. Ich sah den Teppichboden, keimig, ausgebleicht. Es war der Teppichboden, den ich kannte, der mich beklommen machte, gegen den ich innerlich Einspruch erhob: Nein, es führt kein Weg zurück.

Aber wohin – zurück? Ohne nachzudenken, hätte ich gesagt: Zurück in die DDR, ich kann diese DDR-Atmosphäre nicht mehr ertragen. Sie hat für mich, der ich im Westen aufgewachsen bin, den Reiz des Fremden verloren, und geblieben ist allein jenes Moment, das Freunde mit Ostvergangenheit durch ihre Jugend begleitet hat: bedrückende Übersichtlichkeit. Als ob ich selbst zu DDR-Zeiten meine Tage in solchen Räumen verbracht hätte. Ein Anfall übersteigerter Empathie? Oder gelangte ich mit meinen eigenen neunziger Jahren an ein Ende, in denen ich neugierig verlassene Osträumlichkeiten erkundet hatte? Ich empfand keine Melancholie mehr, nur noch Trostlosigkeit. Aber warum fiel meine Reaktion so heftig aus?

Es war längst keine Rede mehr davon, ein Atelier in Klotzsche zu mieten, als mir in den Sinn kam, daß jene Teppichböden ebenso wie die Kabelverblendungen keineswegs DDR-Relikte waren, sondern Spuren der ersten, nach 1989 ausgeführten Renovierungsarbeiten, als man auf neue, anspruchsvolle Mieter wartete. Mieter vornehmlich aus dem Westen, die es nach vertrauten Interieurs verlangte. So breiteten sich im Osten Vorstellungen von einer zugleich luxuriösen und praktischen Raumausstattung aus, wie sie sich während des vorangegangenen Jahrzehnts in den Räumen Westdeutschlands niedergeschlagen hatten. Ich war nicht vor einem DDR-Bild zurückgeschreckt. Ich sah mich in ein Bild hineingesetzt, das ich zeitlich wie räumlich weit hinter mir gelassen hatte, und zurückgeschreckt war ich angesichts einer Erinnerung an die Welt, aus der ich stamme.

Ich kannte die Teppichböden des Rheinlands, ich kannte die Teppichböden von Wien und von England, ich kannte sie gut. Grauer, graugrüner oder ehemals fuchsroter, längst nur mehr lachsfarbener Teppichboden, wohin man auch trat. Ich kannte die Heizungsluft. Der alte Westen. Als ob sich innerhalb von zwei Jahrzehnten nichts verändert hätte. Als ob ich immer noch derselbe Mensch von Anfang Zwanzig wäre. Dahin wollte ich, wie mir aufging, nicht zurück.

Am 9. Juni 1991 bin ich zum erstenmal auf dem Flughafen Dresden-Klotzsche gelandet. Vielleicht hätte ich beim Anflug unter mir die Felder bei Ottendorf-Okrilla sehen können, auf denen man einmal – in einer anderen Zeit, in einer anderen Welt – die Trümmer eines Düsenflugzeugs zusammengesucht hatte, am 4. März 1959, einem Datum, das für mich in diesem Moment kaum weiter von der Gegenwart entfernt lag als der 9. November 1989.

Wenn ich versuche, mich an die Nacht vom 9. auf den 10. November 1989 zu erinnern, sehe ich mich im Sommer jenes Jahres bei der westdeutschen Premiere von Tim Burtons *Batman* in Köln vor der Kinoleinwand sitzen. Der Film spielt weitgehend in nächtlicher Dunkelheit, aber ich denke an *Batman* nicht wegen der Bilder, ich denke nicht an die von dunklen Mächten im Griff gehaltene Stadt, in der die Sonne nicht mehr aufgeht, nicht an den Helden, der tagsüber ein biederer Mitbürger ist, nachts aber in ein Fledermauskostüm steigt, um seinen Teil zur Weltverbesserung zu leisten, sondern ich habe eine Aufforderung im Ohr: »Trust me.«

Ich höre Jack Nicholson in der Rolle des Joker – dieses weißgeschminkte Gegenstück zu Egon Krenz, über dessen bräunliche, aus den käsebleichen Ostblockkaderkreisen in geradezu obszöner Weise herausstechende Gesichtsfarbe ich mich bis heute wundere. Als sei er, während die anderen in ihren Bunkern herumhockten, auf der Krim spazierengegangen, oder als habe er – Teil der finsteren Macht in einem düsteren Land – sich jeden Tag für eine Stunde auf die Sonnenbank gelegt.

»Vertrau mir.« Der kurze Satz fällt in *Batman* alle paar Minuten, und am Ende hat ihn jede Figur mindestens einmal gesagt. Das Publikum in der Mitternachtsvorstellung hatte seine helle Freude, wann immer die zwei Silben »Trust me« das über weite Strecken vorhersehbare Filmgeschehen punktierten, denn in der Welt von Gotham City signalisieren sie nichts anderes, als daß jemand etwas im Schilde führt, eine Verschwörung läuft, ein Rettungsplan fehlschlagen wird, äußerstes Mißtrauen geboten ist.

Und zugleich ist es, als wollten Regisseur und Drehbuchautoren aus dem Film heraus, durch den Mund jeder einzelnen Figur, eine Aufforderung an die Zuschauer richten: »Wir wissen natürlich, daß ihr weder an Gotham City noch an Männer in schwarzen Ganzkörperanzügen glaubt, die sich im Schutz der Nacht der Weltrettung widmen – aber wir möchten euch doch einmal bitten, uns zu folgen.« Wie weit muß es mit der unmittelbaren Wirkmacht von Fiktionen gekommen sein, wenn sie solch verzweifelter Bitten um die Fiktionsbereitschaft des Publikums bedürfen – oder, im Gegenteil: wenn sie sich solche Ausbrüche aus der in sich geschlossenen fiktionalen Filmwelt erlauben können.

Daß sich die Fiktion stets selber beglaubigen muß, daß sie zustande kommt nur, indem sie sich in Frage stellt, erschien Ende der achtziger Jahre im Westen selbstverständlich. Tim Burton allerdings, dessen Filme immer ihre Gemachtheit durchschimmern lassen, brachte diese Grundübereinkunft mit *Batman* noch einmal auf den Punkt.

Um so befremdlicher war es, im nachfolgenden Herbst und Winter einen Hollywood-Satz, der höchstens noch als ironischer Verweis auf den Inszenierungsgrad der Welt taugte, in unzähligen Abwandlungen aus dem Mund wirklicher Menschen zu hören: von Parteifunktionären und Bürgerrechtlern, MfS-Mitarbeitern und Schriftstellern, Kirchenvertretern, Militärs und Montagsdemonstranten. Glaub mir. Vertrauen Sie mir. Vertraut uns. Aber so vertrauen Sie uns doch. Warum habt ihr kein Vertrauen mehr?

Und jede dieser Stimmen versuchte den Eindruck zu vermitteln, sie meine es ernst. Niemand mußte darüber lachen – ein Filmzitat. Niemand im Osten fühlte sich an Gotham City erinnert – davon war ich so lange überzeugt, bis ich später las, einem der Produzenten von *Batman* sei, vielleicht in typischer Hollywoodhybris und -weltverkennung, die tatsächliche Dimension der Comicverfilmung erst in dem Moment aufgegangen, als er im Fernsehen einen jungen Mann mit dem »Batman«-Emblem auf der Mütze gesehen habe, wie er sich in der Menschenmenge durch einen geöffneten Grenzübergang nach Westberlin bewegte.

Der 9. November selbst aber bleibt ein Tag ohne mich. Je länger ich ihn umkreise, desto mehr beunruhigt es mich, nichts von diesem Datum oder wenigstens den vorangegangenen und den folgenden Tagen in Erinnerung behalten zu haben.

Ich erinnere mich an eine Geschichte eines Dresdner Freundes, der als Photograph für die Naturkundlichen Sammlungen an einer Expedition in den Norden der Sowjetunion teilgenommen hatte und Anfang Oktober nach Dresden zurückkehrte. Ein Vierteljahr lang war die kleine Gruppe kaum einem Menschen begegnet, kein Radio, keine Zeitung – schon gar nicht aus dem Westen. Beim Erkunden von Flora und Fauna, beim Warten auf das für den Photographen günstige Licht trat jede Vorstellung von aktuellem Zeitgeschehen in den Hintergrund, wie hätte der Freund da auf die Idee kommen sollen, daß zu Hause die gewohnten Verhältnisse erodierten.

Was die nähere Zukunft bringen würde, stand schließlich schon lange gedruckt im Kalender: das vierzigste Gründungsjubiläum der DDR. Und auf lange Sicht gibt es nichts Langweiligeres als ein Ergebnis, das ohnehin feststeht, zum Beispiel die ideale Gesellschaftsordnung. Bis dahin kann man sich getrost mit interessanteren Dingen befassen, etwa der stetig sich verändernden Natur. Vielleicht begannen die für Sichtagitation Zuständigen 1988 auch in Dresden langsam zu ahnen, welch lähmende Wirkung die Vorhersehbarkeit ausübt, als sie die große Leuchtschrift auf dem Hochhaus am Pirnaischen Platz abmontieren ließen: DER SOZIALISMUS SIEGT.

Der Freund landete mit dem Flugzeug in Schönefeld, weitab von Berlin, wo er vielleicht auf Anzeichen einer veränderten Zeit gestoßen wäre. Er nahm den Zug nach Dresden. Ich weiß nicht, ob sich auf der Fahrt einfach kein Gespräch mit den Mitreisenden ergab oder ob er, in seine Expeditionserlebnisse versunken, so wirkte, als dürfe man ihn nicht stören. Seinerzeit hielten auch Fernzüge noch am Bahnhof Dresden-Mitte, von dort war es nicht weit bis zu seiner Arbeitsstelle. Wäre er bis zum Hauptbahnhof weitergefahren, wäre er mitten ins Geschehen hineingeraten – so jedoch hatte er einen Ort des Geschehens wieder nur am Rand gestreift.

Aber gab es das überhaupt: eine Vorstellung vom ›Ort des Geschehens‹, gar des Weltgeschehens, in der DDR, in Dresden? Waren für die in den fünfziger und sechziger Jahren Geborenen ›Orte des Geschehens‹ in Ostdeutschland nicht immer Orte historischen Geschehens, Dresden etwa als Ort der Bombardierung, und spielte sich, was die Gegenwart anging, ›das Geschehen‹ nicht grundsätzlich anderswo ab, ganz gleich, worum es sich dabei handeln mochte?

In der nordrussischen Natur hatte der Freund sich in eine Zeitstruktur eingefügt, die vom Tag- und Nachtrhythmus, vom Jahreszeitenwechsel bestimmt ist, nun kam er, Zeitzonen durchquerend, in eine Welt zurück, die unter der Proklamation erstarrt war, der weitere Verlauf der Geschichte sei unabänderlich vorgezeichnet. Er kam mit unzähligen belichteten Filmen im Gepäck, und er hatte unendlich viel zu erzählen. Doch die Kollegen im Tierkundemuseum, mit ihrem feinen Sinn für Fragen der Evolution und der geographischen Ausdehnung von Arten, ließen sich in diesem Moment nicht für unbekannte Tierarten und fremde Landschaften begeistern.

In den vorangegangenen Nächten war der Hauptbahnhof abgeriegelt worden. Ein Polizeiwagen hatte gebrannt. Steine waren geflogen. Die Polizei hatte geknüppelt, gekesselt. Dresdner hatten versucht, auf die bei ihrem Weg nach Westdeutschland über Dresden geleiteten Züge mit den Prager Botschaftsflüchtlingen aufzuspringen, den Bahnhof zu besetzen. Der Freund wußte von nichts. Er war aus der entgegengesetzten Richtung gekommen und aus dem Zug gestiegen, in einer Gegenwart, die erst wenige Tage zuvor von der Stadt Besitz ergriffen hatte.

An jene Oktobernächte denke ich heute, wenn ich den Hauptbahnhof an einem Sonntagnachmittag betrete: Die Halle ist voller Menschen, überall Stimmen, Abschiede, überall Schritte, auf den Bahnsteigen drängen sich junge Menschen, um den letzten Zug des Tages in Richtung Westen zu erreichen. Obwohl ich erst 1996, nach meinem Umzug in diese Stadt, Genaueres über die aus Prag kommenden Züge erfuhr, berührt mich dieser Anblick jedesmal: Sonntags verläßt halb Dresden die Stadt, um

nach Westdeutschland zu fahren, wo Montag früh die Arbeitswoche beginnt.

Ich erinnere mich daran, daß ich 2004 das letzte Aprilwochenende im Westen verbrachte. Wir saßen in einer Runde am Tisch, und als ich sagte: »Jetzt wäre ich gerne zu Hause«, gab es fragende Blicke. »Heute wird die Paßkontrolle an den Grenzen zu Polen und Tschechien aufgehoben, da hätte ich gerne einen Ausflug nach Görlitz oder ins Dreiländereck gemacht«, ergänzte ich. Stimmt, ja – man nickte, aber ich glaube, so ganz verstanden hatte man mich trotzdem nicht.

Ich bin nicht dabei gewesen. Nehme ich den 9. November 1989 als historisches Datum in den Blick, sehe ich mich nicht. Nehme ich mich selbst an diesem Tag in den Blick, bleiben die historischen Ereignisse ausgespart. Die kleine Dachwohnung in Köln, der taubengraue Teppichboden, der Fernseher, ein Geschenk von Freunden: Ich saß diesseits des Bildschirms, während sich jenseits der gewölbten Glasscheibe Geschichte ereignete, jetzt, in diesem Augenblick.

Vielleicht hat in jener Nacht, ohne daß es mir bewußt gewesen wäre, etwas begonnen – vielleicht bin ich in den folgenden Tagen, an die ich keine besondere Erinnerung habe, aufgebrochen, um die Unvereinbarkeit zweier Bilder schreibend zu untersuchen: Hier ein historisches, ganz gegenwärtiges, und dort ein Bild, auf dem ich ohne alle Geschichte zu sehen bin.

*

Was im Westen niemals – nicht im Kalten Krieg, nicht nach dem Kalten Krieg – denkbar gewesen wäre: 1990 wurden in Dresden mitten auf der Prager Straße aus dem Wartburgkofferraum heraus Listen mit Klarnamen, Dienstrang und Tätigkeitsbereich Hauptamtlicher Mitarbeiter der Staatssicherheit angeboten, sechs Mark pro Exemplar.

*

Im Juni 2006 entdecke ich im Hauptbahnhof ein staubiges, mit Taubendreck verklebtes Plakat, das im Zuge der Renovierung hinter einer Wandverblendung zum Vorschein gekommen ist: »David Irving: Ausflug in die geschichtliche Wahrheit« steht da, »der in der Welt am meisten gelesene Historiker aus Großbritannien« und: »in dreißig Jahren nicht ein einziges Mal widerlegt« sowie: »Dienstag, 5.6.1990 Dresden, Kulturpalast, Am Altmarkt. Mittwoch, 6.6.1990 Leipzig, Kongreßsaal der AGRA, Mark-Kleeberg. Donnerstag, 7.6.1990 Gera, Haus der Kultur, Straße des 7. Oktober. Beginn jeweils: 19:30 Uhr. Eintritt: 10,00 Mark für Einheimische, 10,00 DM für Westbesucher. Zu dieser ungewöhnlichen Reise in die geschichtliche Wahrheit lädt Sie ein« – ja, hier wird tatsächlich zu einer »ungewöhnlichen Reise« eingeladen, und ginge es nicht um die Veranstaltung eines notorischen Holocaust-Leugners, würde man sich einfach die Augen reiben: Ein nationalsozialistischer Redner im Kulturpalast, in der Straße des 7. Oktober. Sarkastisch ausgedrückt, nüchtern betrachtet: Kein westeuropäischer Nationalsozialist wäre 1990 so dumm gewesen, den Osten ideologisch im Stich zu lassen.

*

»Man muß verlieren können – mit Grandezza.«

VIII

Am späten Nachmittag des 13. Oktober 2005 lasse ich mir Vilnius zeigen, im Wintersonnenlicht die Altstadt, die Schwarze Madonna am Aurora-Tor, das Mickiewicz-Haus – der größte litauische Dichter schreibt polnisch, oder umgekehrt: der größte polnische Dichter stammt aus Litauen, sofern man ihn nicht der Einfachheit halber Konstantinopel oder gar Dresden zuschlagen will. Dann führt mich der Dichter und Übersetzer Antanas Gailius durch die kleinen Gassen: seine Wege. Zum Fluß hinunter, einer Kirche in erbärmlichem Zustand entgegen: »Wir hatten hier keinen Westen, wir haben den Postsozialismus.«

An einer Bushaltestelle entdecke ich zwischen den Wartenden eine Katze, eine Erinnerung an die Hunde, die ich einmal in Kaliningrad gesehen habe, wie sie auf grauen Schneehaufen am Straßenrand lagen, mitten in der wartenden Menschenmenge – offenbar zieht es die Tiere überall im Osten, in der Fremde zu den Haltestellen. Zuerst glaube ich, die Katze gehe auf die Passanten zu, begrüße jeden neu Ankommenden in ihrem Revier und bettele um Futter oder um Kontakt. Trotzdem besteht ein konstanter Abstand zwischen Menschen und Tier, anscheinend weichen die Wartenden vor der Katze zurück. Tatsächlich ist ihr Fell verdreckt und voller Parasiten, sie putzt sich nicht mehr.

Ich bleibe stehen, warte, ob sie den Kopf an meinem Hosenbein reiben will. Aber die Katze bewegt sich unsicher, wie ohne Ziel. Sie kann kaum laufen, wird kaum mehr hören können, in ihrem Gesicht statt der Augen zwei geschwollene Streifen, hinter denen sich die Glaskörper verbergen müssen. Möglich, sie ahnt noch einen Weg, nimmt sich selber als Teil eines wenn auch schwachen Geräuschfeldes wahr – anders kann ich mir nicht erklären, daß sie nie über die Bordsteinkante hinaustritt.

Die Katze wendet sich an niemanden, ihre Bewegungen sind reiner Automatismus, alle übriggebliebenen Zeichen ihrer Katzenhaftigkeit – das Buckeln und die Schritte, die sie in meine Nähe führen – haben nichts mit mir zu tun. Sie wird, so viel erkennt jeder, den kommenden Winter nicht überstehen. Das letzte Licht wird die Katze verabschieden, das Geräuschfeld wird sie einfach in ein Nirgendwo entlassen. Was ich mich in den folgenden Tagen immer wieder frage: Werden im Kopf einer Katze, wie beim Menschen, die inneren Stimmen in dem Maße lauter, wie die Welt der Geräusche draußen leiser wird?

Ich spiegele mich nicht in diesem Tier, ich identifiziere mich nicht mit ihm, es ist mir auch kein Sinnbild, sei es für die Stadt, das Jahrhundert, das Leben, die Literatur. Ich hätte die Katze beschreiben wollen, die gedrungene Gestalt, den nicht einmal mehr tastenden Gang, das verkommene Fell, die verkeimten Ohren, die blinden Augen im zerstörten Gesicht. So, wie ich sie bis heute überdeutlich vor mir sehe: Die Katze von Vilnius, völlig in sich selber zurückgesunken, eine Katze, die in einer Katze verborgen lebt.

*

Es regnet. 30. März 2006. Im Restaurant »Alte Meister«, an der Rückseite des Zwingers mit Blick auf die Oper gelegen, meine ich nachmittags am Nebentisch Imre Kertész zu erkennen. Die Statur stimmt nicht ganz, der Haaransatz auch nicht, dafür die Augenpartie, die Sitzhaltung, bilde ich mir ein. Zwischen Kaffeetasse und leerem Eisbecher liegen ein Stadtplan von Dresden, ein Reiseführer in französischer Sprache, doch das Paar – weder er noch sie Muttersprachler – unterhält sich auf Englisch. Natürlich ist es nicht ›der‹ Imre Kertész, aber indem ich mit halbem Ohr versuche, den Ton einzufangen, entstehen nacheinander ein franko-kanadischer, ein monegassischer, dann ein baskischer und schließlich ein makedonischer Imre Kertész. Fast glaube ich, er würde mir, suchte ich den Blickkontakt, unzweifelhaft zu verstehen geben: Überlegen Sie noch eine Weile, Sie sind nahe daran herauszufinden, welcher Imre Kertész ich bin.

»›Ich‹ ist eine Fiktion, bei der wir bestenfalls Miturheber sind«, schreibt Kertész Anfang der neunziger Jahre, und stellt diesen Satz, in Anführungszeichen und mit »I. K.« paraphiert, seinen Aufzeichnungen noch einmal voran, als sei er nicht aus dem Buch hervorgegangen, sondern habe von irgendwo draußen einen Weg gesucht, um zwischen Titelei und Notizen festgehalten zu werden. Im Text dann liest man ihn neben Arthur Rimbauds »Ich ist ein anderer«, und auch dieses Diktum hat seinen Ort unter den Motti gefunden. In abgewandelter Form gibt es darüber hinaus den Titel des Buches ab: *Ich – ein anderer*, wobei die deutschsprachige Ausgabe auf den ungarischen Untertitel verzichtet: *Eine Chronik des Wandels*.

»JE est un autre«, im Original mit Versalien beginnend: Ein aus dem neunzehnten Jahrhundert stammender Kernsatz des zwanzigsten Jahrhunderts, und meist kaum mehr als eine radikal klingende, doch gemütlich daherkommende Parole, sobald man sich mit dem Personalpronomen auch der existentiellen Dimension entledigen will – da schleicht sich der bedrohliche Unterton eines ›ich war nicht ganz bei mir‹ ein.

Das Schweizerdeutsch, wo es stark vom Französischen geprägt ist, kennt, ohne jede Emphase, die Formulierung: »s Schöberli het gseit«, also »das JE-lein«, das »Ichchen« hat gesagt. Vielleicht sind, von Wien kommend, im Hochdeutschen das »ich« und das »es«, sein Objekt, seit einem Jahrhundert zu schwer beladen, als daß wir (»wir« – »bestenfalls Miturheber«) Rimbauds Satz als einfache Umkehrung hören können: Das rasche, kaum mehr bemerkte Umschlagen vom Objekt ins Subjekt, zwischen zwei Silben, mit denen im französischsprachigen Raum täglich unzählige Sätze anfangen: »Moi, je«.

Ratschlag, dem »ich« weniger Beachtung zu schenken – damit allerdings lenkt es die Aufmerksamkeit abermals auf sich, wie in den ebenfalls bis zum Überdruß zitierten Sätzen von Walter Benjamin: »Wenn ich ein besseres Deutsch schreibe als die meisten Schriftsteller meiner Generation, so verdanke ich das zum guten Teil der zwanzigjährigen Beobachtung einer einzigen kleinen Regel. Sie lautet: das Wort ›ich‹ nie zu gebrauchen, außer in den Briefen.« Das zweite Wort dieser in den Augen der Leser zur Sentenz geronnenen Passage aus der *Berliner Chronik*: »ich«.

»Außer in den Briefen«: Wo findet sich Rimbauds bekanntester Satz? Nicht in der Prosa, nicht im Gedicht – erinnert sei an seine letzten Verse, wo es so klingt: »Ich bin der Schweizer Käse.« Arthur Rimbaud formuliert »ICH ist ein anderer« am 15. Mai 1871 in einem Brief aus seiner Geburtsstadt Charleville. Und wenn sich nun Benjamin, kaum daß der abschließende Punkt gesetzt war, dessen erinnert hätte? Im Verlauf der folgenden Sätze wird er – Grammatik und Gedanke – ein wenig ins Schleudern geraten, endlich bricht er seine Überlegungen zu einem ›Vorwort‹, das längst über ein Vorwort hinausgehe, abrupt ab, so wie er später die Arbeit an seiner *Berliner Chronik* abbrechen wird – oder, genauer: in die *Berliner Kindheit um neunzehnhundert* lenkt. Als habe er beim Weiterschreiben gebannt auf jenes »ich« am Anfang gestarrt, halb enttäuscht darüber, einen mittelprächtigen Stilfibelsatz formuliert zu haben (»ein Brief beginnt nie mit ›ich‹«), halb überrascht, da er beobachtet, wie das »ich« unwillkürlich umschlägt, nachdem es von der Hand aufs Papier gefunden hat: Im Schreiben wird jedes »ich« automatisch zum Objekt, weil »es« sich mit den Augen des Verfassers als »ich« beobachten läßt.

Wer sich ein solches Umschlagen vorführen lassen will, kann Adalbert Stifters *Granit* lesen: »Eines der jüngsten Mitglieder unseres Hauses, welche auf dem Steine gesessen waren, war in meiner Knabenzeit ich.« Oder die »Autobiographie« von Harald Juhnke mit dem Katzenbildtitel *Meine sieben Leben*, deren erste Sätze – Schlaglichter auf eine Figur in desolatem Zustand, in der dritten Person – in das ›Bekenntnis‹ münden: diese Person sei »ich«. Wobei hier tatsächlich das »ich« von vornherein ein Beobachtetes ist, wie es Juhnkes Ghostwriter Harald Wieser, der Verzweiflung nahe, einmal dargestellt hat: Er habe einen Weg finden müssen, diese sprachlose Figur namens ›Harald Juhnke‹ auf dem Papier zum Sprechen zu bringen. Ähnlich Charles Mingus, der zu Beginn von *Beneath the Underdog* in der ersten Person »seinen Jungen«, eben Charles Mingus, beobachtet – oder spricht auch hier von vornherein der sogenannte ›Neger‹?

»Wenn ich ein besseres Deutsch schreibe als die meisten Schriftsteller meiner Generation« – nichts scheint diese Formulierung von 1932 zu verbinden mit dem ersten Satz jenes tatsächlichen »Vorworts«, das Walter Benjamin später seiner *Berliner Kindheit um neunzehnhundert* voranstellen wird: »Im Jahr 1932, als ich im Ausland war, begann mir klar zu werden, daß ich in Bälde einen längeren, vielleicht einen dauernden Abschied von der Stadt, in der ich geboren bin, würde nehmen müssen.«

In der Zwischenzeit haben »Schriftsteller meiner Generation« verfügt, nicht mehr das ›schlechtere‹ oder ›bessere Deutsch‹, also der Stil entscheide über die Qualität, sondern eine – wenn auch genaugenommen gänzlich imaginäre – Substanz: das »Blut«. Nach der Logik des »Blutes« ist »ich« immer derselbe – »Blut« läßt sich, anders als der Stil, nicht verbessern. Alles ist von vornherein, ist seit unzähligen Generationen entschieden, und damit verliert die Auseinandersetzung mit Sprache, verliert der ›Kampf‹ um den Stil, verliert auch der Wettstreit unter Schriftstellern um ein ›besseres Deutsch‹ seine Bedeutung. Man merkt es am schlampigen Umgang der »Rassenfanatiker« mit Sprache, merkt es daran, daß kein Satz in ihren zwischen 1933 und 1945 entstandenen Büchern genießbar ist, und man kann es anhand der empfindlichen Diskrepanz zwischen Deutschtumsbehauptung und Sprachvermögen jeden Tag in der Straßenbahn erfahren. ›Ich ist ein Deutscher‹, und Sprachkurse sind für die anderen.

Benjamin trägt sein nunmehr ›unvergleichliches‹ Deutsch ins Ausland, in die Gesellschaft anderer Sprachen, wo er den »dauernden Abschied« von seiner Geburtsstadt in den Blick nimmt, den Ort, wo er sein Deutsch gelernt hat. Auf die Regel, »das Wort ›ich‹ nie zu gebrauchen«, läßt sich Walter Benjamins besseres Deutsch, wie ihm selber aufgegangen sein wird, nicht zurückführen. Wie sonst hätte die *Berliner Kindheit*, dieses »ich«-Buch, Benjamins sprachlich dichtestes, dunkelstes, funkelndstes Werk werden können, eines der wichtigsten deutschsprachigen Bücher des vergangenen Jahrhunderts. Benjamin verläßt seinen Sprachraum, und das »ich« tritt hervor, zwischen Subjekt und Objekt oszillierend, zwischen deutschsprachigem Personalpronomen und Identitätsvorstellung. Und die Heimat – wandert sie mit aus, oder bleibt sie zurück?

Am 7. März 1875 erscheint in der *Schwäbischen Kronik*, Stuttgart, eine Kleinanzeige – ihre sensationelle Wiederentdeckung ist Ute Harbusch zu verdanken – folgenden Wortlauts: »Ein Pariser, 20 J. alt, wäre geneigt, mit lernbegierigen Personen die deutsche Sprache gegen die französische zu studiren.«

Ob der Anzeigenkunde den Text allein formuliert hat, oder ob sein Vermieter – Herr Wagner, bei dem er nach eigener Aussage »ein freundliches Zimmer« bewohnt – ihm dabei behilflich gewesen ist, wissen wir nicht. Mir fällt das knappe »gegen« auf, im Sinne von ›im Austausch für‹, da will jemand Deutschstunden ›nehmen‹ und gleichzeitig Französisch ›geben‹: »Schöberli hat gesagt.«

Sprache wider Sprache – wer ist dann »ich«? In diesem Fall ein die Sprache der Dichtung bis heute zum Glühen bringender junger Franzose, der seinerzeit eben das Dichten hinter sich läßt: »Briefe an A. Rimbaud, Hasenbergstr. 7, Stuttgart.« Ich ist ein Sprachschüler, der im Ausland sein Deutsch verbessert.

»Die grüne Tapete des Hotelzimmers im Dresdener Abendlicht. Draußen dichter Regen.« Es ist Mai. Imre Kertész ist im ›Interhotel Newa‹ einquartiert, zwischen Prager und Leningrader Straße gelegen, ein Zimmer mit Blick auf den Hauptbahnhof. Dieses Gebäude, meint er, habe gleich bei der Ankunft eine undeutliche Erinnerung in ihm wachgerufen, doch er kommt ihr nicht auf die Spur. In seinem Gepäck ein unfertiger Roman, Kertész beginnt, die bestehenden Seiten zu *Fiasko* zu lesen – ein Manuskript, in dem es um die Ablehnung eines Manuskripts geht, um den *Roman eines Schicksallosen.*

Wie nebenbei bemerkt er, die *Fiasko*-Seiten paßten in ihrem Zustand »zu den Ruinen hier«. Wenig später aber wird er, aus der Lektüre auftauchend, von diesen Fragmenten zu der intakten Halle jenseits des Bahnhofsplatzes geleitet, hellt das Geschriebene auf Umwegen die Erinnerung auf: Von hier aus ist Kertész mit dem Zug »nach Hause«, nach Budapest gefahren, als er 1945 aus Buchenwald kam.

Ende Mai 1980, Regen, die grüne Tapete: Imre Kertész hat seine Sprache mit nach Dresden gebracht. Vielleicht ist das ein Grund, warum er ein besseres Deutsch schreibt als viele Schriftsteller seiner Generation, auch wenn er sich dazu des Ungarischen bedient.

*

Mit der vagen, im Grunde irrsinnigen Vorstellung, Tadeusz Borowski könnte etwas über Dresden sagen, schlage ich *Bei uns in Auschwitz* an irgendeiner Stelle in der Mitte auf und stoße unvermittelt auf den Satz: »Bis dahin wird man die Gasöfen verbessert haben, sie werden sparsamer im Verbrauch sein und besser getarnt, werden so sein wie die in Dresden, von denen man sich heute schon Legenden erzählt.«

*

Was sind das für Menschen, die, wenn sie etwas von den Abgründen des zwanzigsten Jahrhunderts zu hören bekommen, von systematischer Menschenverachtung, psychischer Vernichtung, Folter, vom Erzählenden verlangen, er möge das, bitte schön, alles am eigenen Leib erfahren haben? Es kann sich doch nicht durchweg um gerührte Sadisten handeln.

Erzähle ich jemandem von Dingen, die jenseits meiner ebenso wie seiner Erfahrungswelt liegen, verweist mein Gegenüber nicht selten auf einen anderen Schriftsteller, nickend, also merkwürdigerweise im Sinne einer Bestätigung des von mir Gesagten: »Er hat es noch viel drastischer geschildert. Und außerdem auch selbst erlebt.« Wie dann die Äuglein leuchten. Ich trete unwillkürlich einen Schritt zurück.

*

Im Semmelweis-Museum in Budapest habe ich ein in der Bibliothek verstecktes ausgestopftes Kind gesehen.

*

Das Naturhistorische Museum in Bukarest bewahrt in einer kleinen, in Erwachsenenaugenhöhe eingelassenen Wandnische hinter Glas die Urnen mit der Asche des 1944 verstorbenen Museumsgründers Grigore Antipa und seiner Frau Alina. Man übersieht sie leicht, wenn man die Sammlungsräume im Erdgeschoß verläßt und sich in der Eingangshalle der großen Treppe zuwendet, um in die erste Etage hinaufzusteigen.

*

Einmal im Leben nach Stendal fahren. Ein französischer Schriftsteller durchquert im Gefolge Napoleons Europa und nimmt – aus Gründen der Tarnung? zum Zeichen seiner Weltläufigkeit? – als Pseudonym den nur leicht abgewandelten Namen eines Ortes in der Altmark an.

Stendal habe ich nie besucht, der Name des Schriftstellers aber begegnet mir im späten zwanzigsten, im frühen einundzwanzigsten Jahrhundert überall: In Vilnius stehe ich vor einem Haus, in dem Stendhal 1812 auf dem Weg nach Moskau wohnte, in seinen *Erinnerungen eines Ichmenschen* erwähnt er, ihm sei 1813 in Dresden die Idee zu einem Roman gekommen, den er nie geschrieben hat, und vermutlich hätte ich auch bei Kaliningrad eine Gedenktafel finden können, wo Stendhal einmal mit seinem Schlitten im Eis einbrach, als er das zugefrorene Frische Haff überquerte. Wann immer ich, vom Genfer See kommend, das enge Tal des Unterwallis hinter mir lasse und Martigny erreiche, passiere ich den Abzweig zum Sankt-Bernhard-Paß – und denke an Stendhal: So lebhaft steht ihm vor Augen, wie er von hier aus die Alpen in Richtung Süden überquert hat, daß er zu zweifeln beginnt, ob er tatsächlich seine eigenen Erinnerungsbilder beschreibt, oder nicht doch eine bildliche Darstellung der Gebirgsgegend, einen Stich, den er einige Jahre nach seinem Erlebnis zum erstenmal sah.

In Parma übernachten wir im Hotel Stendhal, in Rom zieht es uns samstagnachmittags zur Piazzale delle Province, wo wir das Defilee der gesamten Nachbarschaft beobachten, im Hintergrund rauscht der Wochenendverkehr. Wir sitzen vor einem Lokal, das sowohl den Schriftsteller als auch den Ort im Namen trägt: Die Aufschrift der Sonnenmarkise lautet »Bar Stendal«, auf den Papierservietten aber heißt es »Stendhal Bar«. Vom nahegelegenen Busbahnhof aus gibt es direkte Verbindungen nach Minsk.

*

Minsk, Ende September 2009. In keiner anderen Stadt habe ich mich jemals so fremd gefühlt. Nicht in Kiew, nicht in Nanjing, nicht in Hiroshima. Oder liegt es an mir, bin ich am Ende erschöpft vom Osten? Kaum habe ich nach der Ankunft die Hotelzimmertür hinter mir geschlossen, kommt der obligatorische Anruf: »Do you feel lonely?«

Im postsozialistischen Zeitalter – das aber in Weißrußland noch gar nicht angebrochen ist – spricht der Geheimdienst beim Erstkontakt nicht mit dem Mund, der

Geheimdienst spricht mit der Vagina. Es bleibt einem nichts anderes übrig, als den Stecker aus der Wand zu ziehen.

Womöglich hat meine aggressive Unruhe auch damit zu tun, daß ich seit – wie vielen? – Jahren zum erstenmal wieder eine Außengrenze der Europäischen Union auf dem Landweg überquert habe, mit dem Zug aus Litauen kommend. Kilometerlang Flutlichtanlagen in einem sich auf die Grenze hin verjüngenden, mit Natodraht unüberwindbar gemachten Korridor mitten in der Septemberlandschaft. Im Zug lief Formatradio, eine weißrussische Rapnummer mit *Für Elise*-Loop, ich stand rauchend auf der Plattform des letzten Waggons, lehnte mit dem Kopf an der verschlossenen Waggontür und sah dort draußen über Kilometer hinweg Grenzanlagen aus dem Kalten Krieg, der doch längst zu Ende sein soll. Und hörte im Kopf die deutschsprachige Zeile aus T. S. Eliots *The Waste Land*: »Bin gar keine Russin, stamm' aus Litauen, echt deutsch.«

Fühle ich mich nun ein- oder ausgeschlossen? Und wer wäre, im einen wie im anderen Fall, dann ich?

In Vilnius – das war mein einziges Vorhaben beim zweiten Aufenthalt in der Stadt – habe ich nach der Stelle gesucht, an der ich vier Jahre zuvor die ›Katze von Vilnius‹ gesehen hatte. Am Mittag erkannte ich, unweit der drei Kirchen, die das ›Gotische Ensemble‹ bilden, im Herbstsonnenlicht ein frisch gemähtes Rasenstück und davor den Fußweg, die Bushaltestelle, die Fahrbahn – das heißt, ich erkannte nichts wieder außer der Lage dieses Areals, weil das Kopfsteinpflaster durch Asphalt, jede Bodenplatte durch eine andere Bodenplatte, und fast meint man, auch jeder Grashalm durch einen anderen Grashalm ersetzt worden ist. Ein neues Wartehäuschen. Keine Wartenden. Und – was hatte ich denn gedacht? – natürlich auch keine versehrte, in sich selbst zurückgezogene Katze, an die sich außer mir vermutlich kein Mensch auf dieser Welt erinnert.

Fühle ich mich hier in Minsk also ein- oder ausgeschlossen? Auf meiner Zimmerkarte zeigt sich das Hotel »Yubileiny« so ganz anders als das Hotel »Express« in Kiew. Wer sich tatsächlich einem idiotischen Unterfangen wie der Suche nach einem ›Nationalcharakter‹ widmen wollte, sollte wenigstens sein Untersuchungsmaterial auf die Zimmerkarten von Hotels beschränken: Dort der in einen blaßblauen Frühlingshimmel ragende Bettenturm in Kiew, hier das ihm beinahe zum Verwechseln ähnliche Hotelgebäude in Minsk – allerdings, in seltsam grün-roter Einfärbung, bei Nacht photographiert. Liegt es am schlechten Druck, liegt es am unbestimmten Eindruck, den man hier vermitteln möchte? Es ist kaum etwas deutlich zu erkennen, das Photo scheint unscharf, matt leuchtet in der obersten Etage eine Reihe von vier Fenstern, aber ich könnte nicht einmal genau sagen, wie viele Stockwerke das »Yubileiny« genau hat.

Der Ausblick vor meinem Fenster im sechsten Stock – nicht viel mehr als: Weite. Drei sechsspurige Straßen, links bildet eine gelbliche Wohnsiedlung den Horizont, rechts ein Wäldchen, das verdächtig danach aussieht, als habe sich der Staatspräsident eines Tages beim Vorbeifahren genau an dieser Stelle ein Wäldchen hingewünscht.

Eine geschlossene Welt. Hier noch einen Potemkinschen Wald, dort noch eine Potemkinsche Altstadt. Es hat nicht nur damit zu tun, daß diese Stadt im Zweiten

Weltkrieg so zerstört wurde wie kaum eine andere in Europa. Man spürt: Ihre Gestalt gehorcht den Launen einer einzigen Person.

Als ich mein Zimmer verlasse, gerät mir ein ungeheures Propagandaplakat ins Blickfeld, jenseits der Fensterfront beim Fahrstuhl. Es zieht sich über mehrere Etagen des Nebengebäudes, zwei Soldaten hissen – großgezogenes Photo oder photorealistische Malerei – die belarussische Flagge. Ein weiteres Indiz dafür, daß der Staatspräsident auf dem Weg in die Innenstadt dieses Hotel passiert. Ich will gerade den Knopf drücken, um den Fahrstuhl heraufzuholen, da bleibt mein Blick an einem Kunstdruck hängen – typische Hoteletagendekoration, denke ich zunächst, so etwas sieht man überall. Dann aber ist es mit einemmal, als weitete sich die Welt, als habe hier etwas auf mich gewartet. Nein, ich betrachte nicht eine Reproduktion von *Jockel*, Grohmanns letztem Hund, sondern den Offsetdruck einer Arbeit von Kandinsky, und ihr Titel lautet, in großen Buchstaben: *Ommagio a Grohmann.*

Ich – das ist derjenige, der etwas mitbringt: Bilder, Wörter, Namen.

Und ich – das ist dieser unbeherrschte Mann, der sich selber nicht wiedererkennt, als er am folgenden Vormittag auf dem Vorplatz des Hauptbahnhofes von Minsk im Kommen und Gehen der Reisenden, Taxifahrer und Herumlungernden allen Anstand fahren läßt, da er, Teil einer Gruppe, die sich hier zu einem Stadtrundgang verabredet hat, wie aus dem Nichts einen mitgereisten Journalisten anbrüllt, der sein eingeschaltetes Diktaphon der Dolmetscherin an den Mund hält, die daraufhin immer leiser spricht, den Kopf zum Mikrophon senkt, so daß die anderen Zuhörer bald kein Wort mehr des ohnehin schwierig zu verstehenden Englisch aus dem Verkehrslärm, aus dem weißrussischen Stimmengewirr auf dem Bahnhofsplatz herauslösen und zu sinnvollen Sätzen zusammenfügen können. Ich fahre aus der Haut, ich fahre einen fremden Menschen an, in einer fremden Umgebung, laut genug, daß es nicht nur die Umstehenden, sondern auch die Passanten hören können, die sich fragend umdrehen – nein: die sich abwenden und ihren Schritt beschleunigen. Wer ist dieser Mann, der seinem Gegenüber in die Augen sieht und brüllt: »Schalt jetzt sofort dein Scheißdiktaphon aus, oder ich werfe es in hohem Bogen auf die Straße«, woraufhin Stadtführer und Dolmetscherin und alle um die beiden Versammelten verstummen, mitten auf einem der belebtesten Plätze in dieser trotz ihres Verkehrslärms und ihres Stimmengewirrs stummen Stadt Minsk?

»Dieser unbeherrschte Mann, der sich selber nicht wiedererkennt« – das stimmt nicht. Denn wenn ich mich nicht wiedererkenne, dann nur im Rückblick, wogegen sich in der Situation vor dem Hauptbahnhof meine Aggression zu einem Teil auch aus der momentanen Überzeugung speist, als einziger das Richtige zu tun, da ich das einzig Richtige tue. Das Schlimmste an meinem Ausbruch – nie zuvor, nie nachher habe ich mich derart gewalttätig verhalten – ist also vielleicht, daß ich mir währenddessen nicht einmal selber fremd bin.

Das also bin ich. Ich zittere am ganzen Körper. Ich habe keinen Zweifel daran gelassen, daß ich es ernst meine, ich würde das Diktaphon tatsächlich zwischen den Wagen auf der Fahrbahn zerschellen lassen. Nach einer Weile fragt jemand leise: »Geht es wieder?«

Meine Rechtfertigung vor mir selbst wie vor den anderen erscheint mir absolut schlüssig. Natürlich hätte ich gereizt reagiert, weil ich den Ausführungen des Stadtführers folgen wollte – doch über diesen Affekt hinaus zimmere ich mir im Reden ein ›Großes Ganzes‹ zusammen, das mein Verhalten unausweichlich erscheinen läßt. Wie könne man, frage ich, in einem Land, wo jede Handlung überwacht, wo jedes Wort mitgehört und womöglich mitgeschnitten wird, auch noch auf offener Straße einem Einheimischen das Mikrophon unter die Nase halten? Was, wenn die Aufnahmen jemandem »in die Hände fielen«, der sie nicht nur gegen den Journalisten, sondern zuallererst gegen die von ihm Interviewten verwendet? Denn daß hier der Geheimdienst regelmäßig die Privaträume selbst von Ausländern »besucht«, die diplomatischen Schutz genießen, ist uns bereits eindrücklich geschildert worden – wie leichtsinnig muß dann jemand sein, der meint, er könne sein Diktaphon im Hotelzimmer etwa unter der Matratze – »Do you feel lonely?« – sicher verstecken.

Ich geriere mich also wie jemand, der für sich in Anspruch nimmt, Gewaltandrohung als letztes Mittel einzusetzen, um Dritte zu schützen. Wen aber? Vertreter der weißrussischen Opposition? Die Bürger von Minsk? Das weißrussische Volk? Absurd. Ich weiß ja nicht einmal, ob ich Vertretern der Opposition begegnet bin. Ob ich Worte gehört habe, die jemandem zum Verhängnis werden könnten. Trotzdem bin ich fest davon überzeugt, im Recht zu sein.

Dabei stellt es sich, ohne Affekt betrachtet, genau umgekehrt dar: Ich war festen Willens, einem Journalisten, der die seltene Gelegenheit nutzte, in Minsk womöglich

Stimmen jenseits der offiziellen Verlautbarungen einzufangen, sein Werkzeug zu zerstören. In Weißrußland habe ich mich in meinen eigenen totalitären Staat verwandelt.

Als hätte mir jemand aus unserer Gruppe – und nicht etwa ein weißrussischer Geheimpolizist – angedroht, mein mit Beobachtungen aus Minsk gefülltes Notizbuch abzunehmen und vor aller Augen zu verbrennen.

Als ich mich nach der Rückkehr am Flughafen Tegel endlich bei dem Journalisten entschuldige und anfüge, ich hätte mich wie ein Schwein benommen, dafür gebe es keine Entschuldigung, bin ich nicht erleichtert. Ich bin es noch immer nicht.

*

In der Fremde erweist sich die eigene Sprache als der unzähmbare Löwe selbst? – Vor der Abreise aus Minsk besuche ich am Sonntagmittag nicht wie die Dostojewskis vielleicht an einem Sonntag den Zoologischen Garten, sondern das Historische Museum, in dessen Souterrain es, wie man mir gesagt hat, wenigstens eine kleine zoologische Abteilung gibt. Wer weiß – womöglich läßt sich ja sogar ein ausgestopfter Löwe zum Brüllen animieren, wenn man nur lange und tief genug in eines seiner großen Glasaugen blickt.

Aber Löwen, Giraffen oder auch bloß ein Rudel zarter Gazellen sehe ich nicht – die Tierwelt beschränkt sich ganz auf die einheimische Fauna, so wie sich in Weißrußland alles ausschließlich auf Weißrußland und darüber hinaus nur noch auf den großen Bruder Rußland zu beziehen scheint. Wobei die Frage bleibt, wer von den beiden jeweils gemeint ist, wenn der ausgestopfte Fuchs ein ebenso ausgestopftes Birkhuhn davonschleppt oder der große, in einem Schaukasten zwischen seinen Verwandten eingezwängte Raubvogel den toten Maulwurf in den Krallen hält.

Als erstes gerate ich in eine der Menschheitsgeschichte gewidmete Abteilung, Knochen und Scherben und Pfeilspitzen, Urmenschen in Glaskästen und im letzten Saal eine nachgebaute Bibliothek – ich widme den Ausstellungsstücken keine große Aufmerksamkeit, ich kann sie nicht zum Sprechen bringen, weil mir die weißrussischen und russischen Kommentare auf den beigegebenen Schrifttafeln verschlossen bleiben. Außerdem lenkt mich eine Besuchergruppe von den Exponaten ab: Zwei Dutzend Soldaten in Ausgehuniform, die sich am hinteren Ende des Ausstellungsteils um die Vitrinen mit historischen Waffen scharen. Der Museumsführer hat alle Mühe, sie vor das Regal zu locken, in dem, wie ich vermutete, herausragende Beispiele der für Weißrußland wichtigen oder aus Weißrußland stammenden gelehrten Werke der vergangenen Jahrhunderte versammelt sind. Zwischen den Uniformen erhasche ich noch einen Blick auf die lateinische Titelei eines aufgeschlagenen Folianten und wende mich dem Ausgang zu – das heißt: einer niedrigen, braun gestrichenen Tür, von der ich nicht weiß, ob sie nicht doch der Zugang zu verbotenen Räumlichkeiten ist. Vorsichtig drehe ich den Knauf, aber sie läßt sich nicht öffnen. Also kehre ich um, finde durch den Eingang zurück in den Flur, von dem ein anderer Saal abzweigt.

Ich irre ein wenig herum, auch wenn das Museum zu klein ist, um sich darin zu verirren, und wenig später nimmt mich eine freundliche Museumsaufsicht beiseite – sie hat mich wohl schon eine Weile beobachtet, redet nun auf mich ein, ja, redet um so heftiger auf mich ein, je deutlicher ich zu verstehen geben will, daß ich keines ihrer Worte verstehe. Wie könnte ich ihr erklären, daß ich weder eine poppige, hintergrundbeleuchtete Präsentation weißrussischer Steppengräser noch das Hauptwerk eines weißrussischen Astronomen suche, sondern die tierkundliche Abteilung? Sie aber läßt sich in ihrer Hilfsbereitschaft nicht beirren und weist auf eine kleine, braun gestrichene Tür, die ich gleich erkenne: Hinter ihr liegt der Saal, den ich anfangs gesehen habe. Ich schüttele den Kopf, ich zucke mit den Schultern, dann sage ich einfach nur noch, freundlich dreinblickend, auf Deutsch: »Da war ich.«

»Ah«, meint sie, als hätte ich mich nicht nur endlich deutlich ausgedrückt, sondern überhaupt zum erstenmal Menschensprache gesprochen. »Ah«, und nickt, und zeigt auf die Tür, und wiederholt: »Da war ich«, oder: »Dawarich«, oder: »Dawaritsch«, woraufhin sie mich voller Zufriedenheit entläßt.

Ich weiß nicht, was sie verstanden hat, aber mir fällt doch auf, daß ich wenig später im Souterrain bei den Tieren besonders zuvorkommend von den Aufseherinnen begrüßt werde. Ja, während ich die ausgestopften Kohlmeisen und Auerhähne in ihren Dioramen betrachte, ist mir, als verschwinde eine Museumsmitarbeiterin, nachdem sie nickend ein paar höfliche Worte an mich, den einzigen Besucher der Abteilung, gerichtet hat, mit besonderem Respekt zwischen zwei Glaskästen hinter einer Tapetentür, um dort rasch und lautlos in ein ansehnlicheres Paar Schuhe zu schlüpfen. Als wolle man den wirr daherredenden Gast nicht weiter stören.

Und ja, die Sprache ist plötzlich wieder wild geworden, wie ich mir hinterher zusammenreime, nicht wild und gefährlich diesmal, aber wild und schön, zwischen den ausgestopften, stillen Tieren: Vermutlich habe ich, ohne es zu merken, in meiner Aufregung, in der unbekannten Sprachumgebung, bei dem Versuch, einer Aufseherin klarzumachen, daß ich den hinter der braunen Tür liegenden Saal bereits kannte, den rheinischen Tonfall wieder angenommen, von dem ich dreiundzwanzig Jahre lang umgeben war, und habe statt des klaren, hochdeutschen »Da war ich« ein verschliffenes, überbetontes »Da'warisch« artikuliert. Und mich damit in den Ohren der Museumsdamen als »dawaritsch«, »towarischtsch«, also als aufrechter Parteigenosse, offenbart.

*

Für den Weg vom Flughafen nach Hause suche ich mir in Ruhe einen angenehm aussehenden Taxichauffeur aus. Ich warte zunächst, bis der erste Wagen in der Reihe einen Fahrgast aufgenommen hat, rauche noch eine Zigarette, dann sind auch der zweite und der dritte Wagen verschwunden und mit ihnen die inneren Bilder von Wurstbroten auf dem Beifahrersitz, Duftbäumchen und seit dem Morgen getragenem Oberhemd.

Seit langem der erste Fahrer, der mich nicht fragt, ob ich schon einmal in Dresden gewesen sei. Die ersten zehn Jahre hier wurde so gut wie nie angenommen, mit mir, der ich kein Sächsisch spreche, sitze selbstverständlich ein auswärtiger Besucher im Fond. Inzwischen werden selbst dezente Hinweise wie meine Frage nach dem hiesige Wetter in den vergangenen drei Tagen – also doch offenbar während meiner Abwesenheit – oder eine Bemerkung zu einer Langzeitbaustelle unten im Tal immer häufiger überhört. Und mit jedem dazukommenden Jahr wird es mühsamer zu erklären, ja, ich wohne seit zwölf, seit dreizehn, seit vierzehn oder eben seit fünfzehn Jahren in dieser Stadt. Denn Auskunft zu geben bedeutet zugleich, mich jedesmal wieder zu fragen, wer ich bin.

Mein Chauffeur auf dieser Fahrt aber begreift sofort, da ich ihm eben kein Hotel, sondern eine Straße und eine Hausnummer als Ziel genannt habe, daß ich aus der Ferne – die an diesem Tag zufällig mit meinem Geburtsort in eins fällt – nach Hause komme. Höflich erkundigt er sich, ob ich häufig unterwegs sei, und wir wechseln ein paar Sätze.

Als er hört, daß ich Schriftsteller bin, hat er eine dringende Frage, das heißt, sie klingt wie eine bloße Bemerkung, so zurückhaltend stellt er sie, wobei sein Blick durch den Rückspiegel gleitet: »Werk von Karl May mit drei Buchstaben.«

Ich weiß, alle Taxifahrer vertreiben sich die Wartezeit mit Kreuzworträtseln, ich weiß auch gleich die richtige Lösung, und trotzdem muß ich einen Moment überlegen, wie ich sie ihm geben kann, ohne dabei merkwürdig zu wirken – wie ein Verrückter, oder wie jemand, der jede Frage zwanghaft auf sich bezieht: »*Ich*«, sage ich, »das muß *Ich* sein.«

Putins Briefkasten entstand zwischen Oktober 2003 und Oktober 2011 und greift abschnittweise auf einige Arbeiten zurück: *Putins Briefkasten.* In: Frankfurter Allgemeine Sonntagszeitung, 5. Oktober 2003, S. 34. *Narva, Anoraks.* Vortrag im Café Europa beim sechsten Internationalen Literaturfestival Kosmopolis in Barcelona am 22.Oktober 2006. *Laßt mich nach Zaspa gehen.* In: Sarmatische Landschaften. Nachrichten aus Litauen, Belarus, der Ukraine, Polen und Deutschland. Herausgegeben von Martin Pollack. Frankfurt / M.: S. Fischer 2005, S. 28-37. *Filme der Frühzeit.* Vortrag im Literarischen Colloquium Berlin am 14. Dezember 2005. In: Sprache im technischen Zeitalter Nr. 179, September 2006, S. 242-254. *Pieter Claesz, Jelenia Góra.* In: Bilder. Geschichten. Schriftsteller sehen Malerei. Herausgegeben von Thomas Böhm und Andreas Blühm. München: Luchterhand 2006, S. 55-63. *Lessings Ofenschirm.* In: Mit Lessing ins Gespräch. Herausgegeben von Heinz Ludwig Arnold. Göttingen: Wallstein 2004, S. 79-83. *Benzin.* In: DC: Heike Beyer: Bergfink. Museum Ludwig, Köln. Köln: Verlag der Buchhandlung Walther König 2004, S. 9-13. *Scheinfrühling.* In: Vom Ohrenbeben zu Edenkoben. Herausgegeben von Gregor Laschen. Heidelberg: Wunderhorn 2007, S. 38 f. *Brixton.* In: Das erste Buch. Schriftsteller über ihr literarisches Debüt. Herausgegeben von Renatus Deckert. Frankfurt/M.: Suhrkamp 2007, S. 220-225. *Gedichte, Blicke, Bälge. Die Ornithologie und das Handwerk des Lyrikers.* In: Neue Zürcher Zeitung, 20./21. März 2004, S. 61 f. *An der Sprachgrenze. Dankworte bei der Verleihung des Spycher-Preises in Leuk, Wallis, am 26. September 2004.* In: Neue Zürcher Zeitung, 5./6. Februar 2005, S. 45. *Psyche läßt sich auf den Worten nieder.* In: Verleihung des Siegfried-Unseld-Preises an Inger Christensen am 28. September 2006. Privatdruck. Frankfurt/M.: Suhrkamp, Insel 2007, S. 27-32. *Mein Bienenjahr lesen.* In: Erst lesen. Dann schreiben. 22 *Autoren und ihre Lehrmeister.* Herausgegeben von Olaf Kutzmutz und Stephan Porombka. München: Luchterhand 2007, S. 214-232. *Wilhelm Müller: Tafelgeheimnisse.* In: Künstler in Dresden im 20. Jahrhundert. Literarische Porträts. Herausgegeben von Wulf Kirsten und Hans-Peter Lühr. Husum: Verlag der Kunst Dresden 2005, S. 154-158. *Ein Tag ohne mich.* In: Die Nacht, in der die Mauer fiel. Schriftsteller erzählen vom 9. November 1989. Herausgegeben von Renatus Deckert. Frankfurt/M.: Suhrkamp 2009, S. 148-158. *Die Katze von Vilnius.* In: Bella triste Nr. 15, Sommer 2006, S. 64-69.

Ich danke der Deutschen Akademie Villa Massimo Rom. Ohne das in bester, Tag für Tag anregender Gesellschaft verbrachte Jahr des fröhlichen Rückzugs 2010 in Rom gäbe es das vorliegende Buch nicht, selbst wenn es dort weder geschrieben noch erdacht wurde.